Transportnummer VIII / 1 387 hat überlebt

PIPER

Zu diesem Buch

Sie hat mehr erlebt als andere Menschen. Eigentlich zu viel für ein Leben: Tapfer überstand Margot Kleinberger die Entwürdigung in ihrem Heimatland Deutschland und überlebte wie durch ein Wunder den Terror im KZ Theresienstadt. Sie lebt dafür, dass der Holocaust nicht in Vergessenheit gerät. In ihren Vorträgen vor Kindern und Erwachsenen macht sie ihre Zuhörer zu Zeitzeugen. Wenn sie spricht, herrscht Stille: »Was ich Euch erzähle, ist absolut authentisch. Ich habe nur aufgeschrieben, was ich gesehen und erlebt habe.« Genauso ist ihr Buch: erbarmungslos wahr.

Margot Kleinberger, geboren 1931, wird 1937 in die Jüdische Aufbauschule in Hannover eingeschult. 1940 muss sie mit ihrer Familie in ein Judenhaus ziehen und wird 1942 in das KZ Theresienstadt deportiert. Sie überlebt grausame medizinische Versuche, unvorstellbaren Hunger und furchtbares Elend. Am 8. Mai 1945 wird sie durch die Rote Armee befreit und wagt einen Neuanfang im Land der Täter. Heute lebt sie in ihrer Heimatstadt Hannover, ist verheiratet und Mutter von sechs Kindern.

Margot Kleinberger

Transportnummer VIII/1 387 hat überlebt

Als Kind in Theresienstadt

Mit 43 Abbildungen im Text

Piper München Zürich

Mehr über unsere Autoren und Bücher:
www.piper.de

FSC
www.fsc.org
MIX
Papier aus verantwortungsvollen Quellen
FSC® C083411

Ungekürzte Taschenbuchausgabe
Piper Verlag GmbH, München
1. Auflage April 2011
7. Auflage August 2012

Umschlaggestaltung: semper smile, München
Umschlagabbildung: Collage unter Verwendung von Fotos
aus dem Privatarchiv der Autorin
Satz: Droste Verlag
Gesetzt aus der Minion
Papier: Munken Print von Arctic Paper Munkedals AB, Schweden
Druck und Bindung: CPI – Clausen & Bosse, Leck
Printed in Germany ISBN 978-3-492-26412-9

Eine Blume hat geduftet,
wie ein Lied aus Kinderzeit
(altes Gedicht aus der Romantik)

Dieses Buch ist für all jene, die nicht mehr berichten können.

Dieses Buch ist für meine Kinder und Enkelkinder, denen ich niemals alles erzählt habe.

Und es ist für alle Nachgeborenen, mit denen niemals darüber gesprochen wurde.

Margot Kleinberger, geb. Kreuzer, aufgenommen um 1960.

Vorwort

Dieses ist ein Buch der Erinnerungen. Alles, was Sie auf den folgenden Seiten lesen werden, habe ich selbst erlebt. Dinge, die ich nicht erlebt oder gesehen habe, habe ich nur in Ausnahmefällen aufgeschrieben. Daher erhebt dieses Buch auch nicht den Anspruch, ein wissenschaftliches Dokument zu sein, auch wenn viele Wissenschaftler meine Erlebnisse für ihre Studien herangezogen haben oder dieses in Zukunft noch tun werden.

Dennoch ist dieses Buch auch ein historisches Dokument. Denn es spricht für all jene Menschen, die niemals in der Lage waren, über diese furchtbare Zeit zu sprechen. Sie wurden ermordet. 1938 lebten in Hannover noch 2000 Juden. Anfang der dreißiger Jahre waren es noch knapp 6000 Juden gewesen. 2400 Juden wurden deportiert, davon über 2200 ermordet. Meine Eltern, meine Schwester und ich überlebten wie durch ein Wunder die Shoa als eine der ganz wenigen hannoverschen Juden.
Im Juli 1942 wurde ich mit meiner Familie in das Konzentrationslager Theresienstadt deportiert.
Die ehemaligen Kasernen aus der Zeit Maria Theresias wurden von den Nazis als „Altersghetto" oder als Musterlager für prominente Juden deklariert. So kolportierte es jedenfalls die NS-Propaganda. Die Wirklichkeit sah ganz anders aus. Tatsäch-

lich „lebten" dort zeitweise 40.000 Insassen unter erbärmlichen Zuständen. Die Befreiung kam zu spät. Von den über 140.000 Menschen, die zwischen 1941 und 1945 nach Theresienstadt deportiert wurden, erlebten gerade noch 17.000 Personen die Befreiung.

Ich habe überlebt. Dennoch: Man hat uns ausgelöscht. Das deutsche Judentum, wie es vor dem Krieg existierte, wird es nie wieder geben.
Meine Eltern waren stolz darauf, Deutsche zu sein. Mein Vater diente im Ersten Weltkrieg, meine Mutter versorgte als Krankenschwester die Kranken. Wir waren eine ganz normale deutsche Familie und wir waren Juden. Das war kein Widerspruch.

Lange habe ich nicht darüber gesprochen, was tatsächlich passiert ist. Weder wollte ich meine sechs Kinder damit belasten, noch wollte ich bei den nichtjüdischen Nachgeborenen ein schlechtes Gewissen hervorrufen. Doch je mehr Zeit verstrichen ist, desto mehr musste ich erkennen, wie viel Ungerechtigkeit uns Kindern widerfahren ist.
Man hat uns unserer kindlichen Unschuld beraubt, unser Eigentum gestohlen, unsere Zukunft genommen. Eine wirkliche Entschädigung hat niemals stattgefunden.

Es sind viele Dinge in diesem Land passiert, die viele deutsche Nichtjuden entweder noch immer nicht wahrhaben wollen oder tatsächlich nicht gewusst haben. Doch die wenigsten haben ihren Kindern oder Enkeln von dieser Zeit erzählt. So stoße ich bei meinen Vorträgen vor Schulklassen auf erstaunende Unkenntnis bei Schülern, aber auch bei vielen Lehrern. Auch für sie ist dieses Buch.

Was geschehen ist, soll niemals vergessen werden.

Margot Kleinberger

Das Mädchen mit der Schultüte

Staubig ist er, der alte Koffer, den die Kinder aus dem Keller geholt haben. Eigentlich wollten sie, die inzwischen schon längst ausgezogen waren und ihre eigenen Familien gegründet hatten, nur noch nach ihren alten Kindersachen sehen, aber dann entdeckten sie diesen alten Koffer. Staubig war er und ganz gelb von den vielen Jahren im feuchten Keller. Niemand wusste eigentlich genau, wie er dahin gekommen war. Und keiner, selbst ich nicht, konnte ahnen, welche Geheimnisse dieser schäbige alte Koffer, der gewiss einmal auf vielen Reisen war, in seinem Innern verbarg. Da waren alte Fotos von mir und meinen drei erstgeborenen Söhnen. Sie erzählen von ihrer Kindheit, von ihren Bar Mitzwot und meinem Leben mit ihnen und meinem ersten Mann. Das war schon so lange her. Dann wurde es still. Eine meiner Töchter hatte ein Foto in der Hand und drehte sich zu mir um. Da war ein kleines Mädchen mit langen Zöpfen und einer Schultüte im Arm. Sie fragte mich: „Wer ist das?" und ich antwortete: „Ich." Es war das erste Mal, dass meine Kinder mich als Kind gesehen hatten. Dieses kleine Mädchen war tatsächlich einmal ich gewesen. Wie unschuldig und unwissend ich damals in die Kamera schaute. Wer sollte ahnen, dass dieses Mädchen aus wohlbehütetem Elternhaus ein paar Jahre später wirklich den wahren Ernst des Lebens kennen lernen sollte und ihre Kindheit bald ein abruptes Ende nehmen würde.

Doch noch schien die Sonne warm vom blauen Himmel. Ich balancierte auf den weißen Steinen am Rande des Maschparks. Unser Kindermädchen ging mit uns hierhin. Sie kam aus dem jüdischen Waisenhaus am Emmerberge und betreute uns während der Woche. Uns, das waren ich und meine kleine Schwester Gerda. Sie war ein Jahr jünger als ich. Wir gingen über den feuchten Kies zu den Stufen, auf denen schon die weißen Schwäne und bunten Enten auf Brot warteten.

Es war so ruhig und idyllisch – das blaue Wasser, das Grün mit den bunten Blumen ringsumher, die Sonne – das hat sich als eine meiner ersten Erinnerungen, ich war wohl etwa vier Jahre alt, tief in mir eingegraben.

Ich kannte den Maschpark nur zu gut. Schließlich wohnten wir ganz in der Nähe. Wer hier wohnte, hatte es zu bescheidenem Wohlstand gebracht. Darauf war mein Vater stolz. Die Wohnung in der Bleichenstraße war groß. Es gab ein Herrenzimmer in dunklem Holz, ein Wohnzimmer in Mahagoni, ein Esszimmer in Kirschholz, dann kam das Badezimmer, daneben das Gäste-WC und das Schlafzimmer meiner Eltern. Diesem gegenüber lag das große Kinderzimmer und neben der breiten Eingangstür die große Küche, beide mit Blick auf die Straße.

Als Vierjährige am Maschpark in Hannover, 10.7.1935.

In der Küche war alles doppelt angeordnet – getrennt für die koschere Zubereitung für milchig und fleischig. Wir waren nicht orthodox, aber religiös. Mein Vater war ein guter Deutscher und ein religiöser Jude. So hatte er es von seinen Eltern in Bückeburg gelernt und so wünschte er es sich auch von seinen Töchtern.

Mein Opa, Wolf Kreuzer, war aus Kalisch an der deutsch-polnischen Grenze. Seine Mutter war bei seiner Geburt gestorben, seine Geschwister auf die Geschwister der Eltern verteilt worden. Als er vierzehn Jahre alt war, trank sein Vater erhitzt kaltes Wasser aus dem Brunnen und starb an einem Herzschlag. Das ist jedenfalls die Geschichte, die er uns Kindern erzählte. Opa Wolf beschloss daraufhin, nach Amerika auszuwandern, wo er Verwandte hatte. Die Reise führte ihn nach Deutschland. In Köln konnte er aber die Brückenmaut nicht bezahlen und so schloss er sich einer Familie an, die mit ihm weiter in Richtung Bremerhaven zog. Juden wie sie gab es damals viele in Deutschland. Ihre Vorfahren waren während der Kreuzzüge nach Polen, Galizien und in andere östliche Staaten geflohen. Nun kamen sie zurück, die meisten mit dem Ziel Amerika. Aber nicht allen gelang der Weg über den Ozean. Vielen fehlte das Geld für die Überfahrt und sie mussten in Deutschland bleiben. Unter den deutschen Juden war es daher üblich, die ärmeren polnischen Glaubensbrüder am Freitagabend nach dem Besuch der Synagoge zu sich nach Hause einzuladen. So hatten sie wenigstens einmal in der Woche ein warmes Essen in schöner Atmosphäre. Dann bekamen sie etwas Geld und zogen weiter. So erging es auch meinem Großvater Wolf Kreuzer, den ich immer nur Opa nannte. Opa kam bis Steinhude am Steinhuder Meer, wo er erst einmal blieb und eine Gerberlehre machte. Er lernte dann in Hannover meine geliebte Oma Jette kennen und heiratete sie. Sie hieß eigentlich Henriette Kleinberger und war eines von sieben Kindern des Uhrmachers David Kleinberger. Meine Großeltern wohnten erst in Hannover und bekamen dort zwei ihrer sechs Söhne.

Zu jener Zeit durften sich Juden in Hannover nicht selbstständig machen. Daher zogen die meisten von ihnen nach Hannover-Linden, das damals noch eine separate Stadt war. Meine Großeltern gingen jedoch nach Bückeburg, das mein Opa wohl von seiner Zeit in Steinhude kannte. Doch als Gerber konnte er dort nicht sein Brot verdienen. Aber wir Kreuzers sind erfinderisch: Er besorgte sich Pferd und Wagen, zog morgens um vier in weitem Umkreis zu den Bauernhöfen und Dörfern und sammelte Eisen, Stoffe und Papier. Das musste er sortieren und bis ein Uhr mittags beim Großhändler in Minden abgeben. Der Handel mit den Resten Anderer war erfolgreich. Bald kaufte sich mein Opa auf der Sackstraße im Zentrum von Bückeburg ein großes Haus mit Pferdeställen und Scheune (heute steht dort ein Feuerwehrmuseum). Die Straße liegt

Silberne Hochzeit der Großeltern um 1903:
(von links) Albert (ermordet in Riga-Kaiserwald), Adolf (geflohen in die USA), Oma Jette (eigentl. Henriette), Willi (vorne stehend, vergast in Treblinka), Leo (geflohen nach Montevideo, Uruguay), Opa Wolf, Bernhard (ermordet in Buchenwald), Hermann (Vater von Margot, überlebt in Theresienstadt).

nahe dem Rathaus, und wenn mein Großvater früh am Morgen die Straße vor seinem Haus fegte, kam oft der Bürgermeister vorbei und die beiden Männer unterhielten sich. Mein Opa war wegen seiner Redlichkeit bald bei den Bauern und Dorfbewohnern beliebt. Man nannte ihn „Vadder Kreuzer" und hielt gerne im Bückeburger Plattdeutsch ein Pläuschchen mit ihm. Im Sommer, wenn alle auf dem Feld waren, legte man ihm Geld und einen Zettel mit Bestellungen hin und der gewissenhafte Wolf Kreuzer erledigte das alles pflichtbewusst in der Stadt. Er hatte sich in Bückeburg einbürgern lassen und er wurde schließlich zum geehrten und geachteten Bürger der Stadt. Als der Kaiser dem Fürsten von Schaumburg-Lippe einen Besuch abstattete, waren auch meine Großeltern eingeladen. Man möge sich das vorstellen: der Jude Wolf Kreuzer beim deutschen Kaiser.

Trotz allem: Die Kreuzers lebten bescheiden. Nur am Wochenende gab es Fleisch zu essen. Aber die Söhne gingen alle sechs auf das fürstliche Gymnasium, was sicher viel Geld kostete. Nach dem „Einjährigen" machten alle eine Lehre als Textilkaufmann – auch das kostete Geld –, alle, bis auf meinen Vater Hermann. Er wollte unbedingt Bankkaufmann werden. Und so schickte ihn Opa in ein jüdisches Bankhaus in Rawitsch in die Lehre.

Das alles erarbeitete sich Opa mit seinem Pferd und Wagen, aber als sein ältester Sohn Leo heiratete und dessen Frau, Tante Frieda, eine größere Mitgift bekam, verkaufte er sein Haus in der Sackstraße und kaufte zusammen mit seinem Sohn Leo ein großes Haus mitten auf der Hauptstraße Bückeburgs, der Langen Straße. Onkel Leo bezog die oberen Prachträume, meine Großeltern dic Wohnung im Erdgeschoss hinter dem Laden, in dem Onkel Leo Stoffe und Aussteuerwaren an die Kunden verkaufte, die vorher die Kunden von meinem Opa waren.

Dann kam der Erste Weltkrieg. Mein Vater war inzwischen mit der Banklehre fertig und natürlich meldete er sich sofort freiwillig. Das taten auch seine Brüder, gemeinsam mit fast allen anderen deutschen Juden. Sie waren deutsche Patrioten. Mein Vater wurde den Liegnitzer Grenadieren zugeteilt.

Er kam nach Russland und hatte die Aufgabe, als Gefreiter mit seiner Truppe ein vermintes Wäldchen zu stürmen. Die Minen gingen hoch und alle wurden unter Erdreich und Bäumen verschüttet.

Erst nach mehreren Tagen wurde er entdeckt. Ein Baumstamm hatte sein linkes Bein abgequetscht. Es wurde im Lazarett stückweise abgenommen, bis nur noch ein kleiner Stumpf übrig blieb. So war mein Vater ein noch junger Mann mit nur einem Bein, einem geplatzten Trommelfell und anderen Verwundungen.

Der Fürst von Schaumburg-Lippe stellte Krankenbetten in seinen Sälen auf und holte alle Landeskinder heim, auch meinen Vater. Mein Vater bekam das Eiserne Kreuz „für besondere Tapferkeit vor dem Feind" und viele andere Auszeichnungen. Ein Trost, der ihm aber nicht weiterhalf. Körperlich behindert, aber immerhin geehrt, wurde er ins Leben entlassen.

Aber hatte er noch seine Ausbildung. Daher nahm er das Angebot der Reichsbank an, ihn als kriegsbeschädigten Bankkaufmann einzustellen. Also wurde mein Vater Beamter bei der Reichsbank in „Gehobener Laufbahn". In Deutschland herrschte Inflation. Die Löhne der Arbeiter wurden von den Fabriken täglich ausgezahlt. Züge brachten die Säcke mit dem Geld jeden Tag zu den Fabriken, sicher bewacht von den Waffen der Bankbeamten. Einer von ihnen war mein Vater.

Das war in Berlin. Irgendwie muss er sich in der großen Stadt doch sehr einsam gefühlt haben. Sein verletztes Bein schmerzte immer noch, die Prothese wollte nicht sitzen. Schließlich suchte er per Zeitungsinserat nach einer jüdischen Frau, die gelernte Krankenschwester sein sollte. Aus Friedeberg in der Neumark meldete sich ein Mann für seine Tochter Rose Goldberg. Friedeberg gehört seit 1946 zu Polen und heißt heute Strzelce Krajeskie. Rose war Krankenschwester gewesen, konnte kochen und war wohl auch sonst ganz zugänglich. Jedenfalls harmonierte es zwischen den beiden wohl so sehr, dass sie sich bald verlobten. Die Heirat fand noch in Berlin statt. Meine Mutter bekam eine stattliche Mitgift und als einzige Tochter den gesamten Familienschmuck. Jetzt war Papa zwar nicht mehr ein-

Meine Großmutter Rose Goldberg, geb. Levin:
„Die Mutter meiner Mutter – eine wunderschöne Frau, die bei der Geburt meiner Mutter gestorben ist."

sam, aber so ganz glücklich war er immer noch nicht. Ihm fehlte die Nähe seiner Eltern. Ihm fehlten seine Brüder und vielleicht auch der berühmte Zuckerkuchen der Mutter. Weil Hannover die nächste Reichsbankhauptstelle bei Bückeburg war, ließ er sich dorthin versetzen.

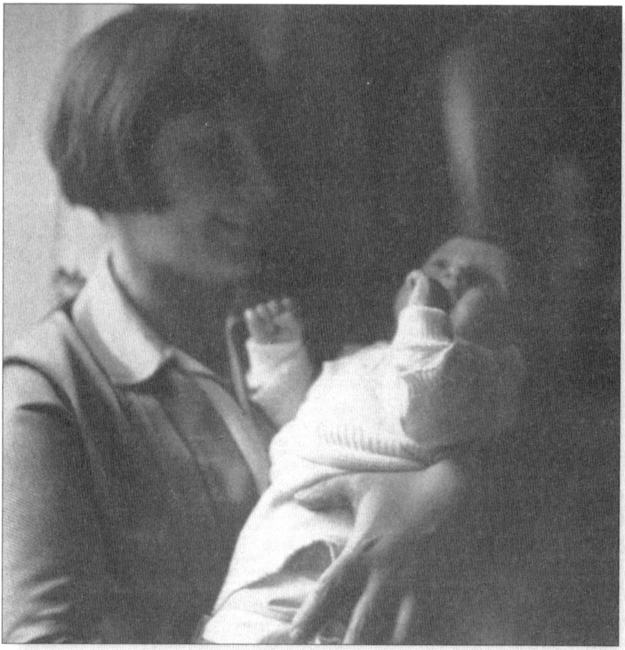

Meine Mutter Rose Kreuzer mit mir als Baby 1931, 6 Monate alt.

Meine Mutter Rose Kreuzer. Aufgenommen 1939 (Passfoto) für die Judenkennkarte. Das Ohr musste zu sehen sein.

Hannover war zwar eine Großstadt, erreichte aber nie das Mondäne und das Flair von Berlin oder München. Vielleicht war es auch gerade das Provinzielle, das meinen Vater so an der Stadt begeisterte. Nur nicht auffallen, war die Devise des deutschen Beamten Kreuzer, und das passte zu dieser Stadt. Es lebten Anfang der Dreißigerjahre knapp 6000 Juden in Hannover, es gab einen Rabbiner und eine große Synagoge im byzantinischen Stil.

Hier wurde ich geboren und später auch meine Schwester. Eine Stadt, die ich nie richtig mochte und in der ich nun doch mein ganzes Leben lebe. Von der Mitgift meiner Mutter waren die Möbel, das Silber und der Hausrat gekauft worden. Mein Vater verdiente in der Reichsbank den Lebensunterhalt für die Familie, während meine Mutter zu Hause bei den Kindern blieb – absolut traditionell und wie es sich für die Ehefrau eines Beamten schickte. Mein Vater machte dann den Führerschein und kaufte ein kleines Auto – einen Opel P4, mit dem wir dann fast jeden Sonntag zu meinen Großeltern nach Bückeburg fuhren. Meistens waren auch noch die Brüder meines Vaters mit ihren Familien da.

Ich fuhr gerne nach Bückeburg. Meine Oma erwartete uns dort und rief: „Die Kinder aus Hanno-

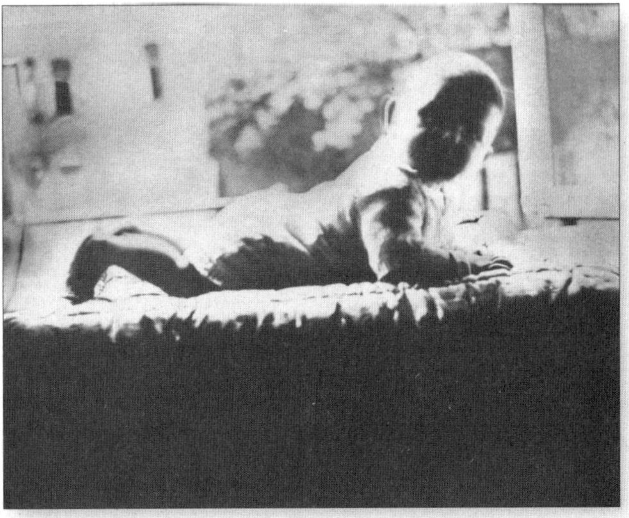

Als Säugling auf der Fensterbank, 6.8.1931, 5 Monate alt.

Süße Babyjahre von Margot.

ver sind da!“ Sie umarmte und küsste uns mit großer Herzlichkeit. Ich erinnere mich noch immer an ihre Güte und Wärme. Natürlich gingen wir als Erstes in die Küche, wo Opa Wolf auf der Bank saß und schon darauf wartete, dass wir ihn endlich begrüßen kamen. Dann zog Oma Jette den Zuckerkuchen aus dem Ofen, diesen wunderbar knusprigen, braunen Kuchen, und wir aßen entweder gleich an dem Küchentisch mit der Wachstuchdecke oder nebenan im Wohnzimmer. Für meinen Vater machte meine Oma noch eine große Pfanne Rühreier, weil er die so gern mochte, und wenn es Herbst war, gab es Walnüsse, die vom Baum im Garten stammten. Sie gab uns auch immer Geld für Eis oder für Bonbons mit dem Tipp: Im Kaisers-Kaffeegeschäft gibt es ganz große Himbeerbonbons, von denen hat man ganz lange etwas. Meistens sind meine Eltern noch in die Nordmannstraße in Hannover gefahren, wo es zwei koschere Schlachter gab, und haben dort Fleisch und Wurst gekauft, die sie mitbrachten. Meine Oma Jette unterhielt sich viel mit uns, sie zeigte uns auch die Kätzchen, die im Stall spielten, während Opa Wolf nicht mehr viel sprach. Er saß auf der Bank in der Küche und rauchte seine Pfeife. Er hatte sein Leben gelebt und sechs Söhne großgezogen, jetzt war er ein alter Mann.

Manchmal gingen wir auch in den ersten Stock zum Essen zu Onkel Leo. So ein Essen bei Onkel Leo war immer etwas Besonderes, denn Tante Frieda hatte in Hannover in einer jüdischen Pension

Oma Jette mit Margot, 1931.

die feine Küche gelernt, und das Essen schmeckte wie in einem schicken Hotelrestaurant.

Aber am meisten freute ich mich auf meinen Cousin Klaus. Er war so alt wie ich und lief genauso gerne mit mir um die Wette. Zum Glück war ich meist schneller und erreichte noch vor ihm das Ziel. Diese Zeit war wunderschön. Wir spielten ausgelassen auf der großen Wiese hinter dem Haus. Kein Mensch dachte an das, was noch folgen sollte. Am allerwenigsten wir Kinder. Ich mochte Klaus sehr. Er war ruhig und erstaunlich intelligent. So ganz anders als sein älterer Bruder Hanjo, der ständig Flausen im Kopf hatte. Wer konnte wissen, dass genau diese Eigenschaft ihm das Leben retten sollte? Weil seine Eltern, Onkel Bernhard und Tante Else, es mit seinen Dummheiten schließlich nicht mehr aushielten, beschlossen sie, Hanjo auf eine Hachschara, eine Vorbereitungsschule für einen Kibbuz in Palästina, nach Berlin zu schicken. Dadurch kam er in einen Kibbuz bei Haifa und überlebte als Einziger von Onkel Bernhards Familie.

Zu ganz besonderen Anlässen lud Oma Jette alle Kinder und Enkelkinder zu einem großen Essen ein. So ein Anlass war der jährliche Sederabend zum Pessachfest. Wir Kinder, Dieter, Hanjo, Klaus, Gerda und ich, saßen an einem extra Kindertisch, während die älteren Kinder von Onkel Albert und Onkel Leo, Egon, Mädi und Luzi, schon bei den Erwachsenen sitzen durften. Es waren ausgelassene

Abende, an denen viel geredet, getrunken und gegessen wurde. Manchmal kam uns aber jemand zuvor. Als Oma Jette einmal einen riesigen Hecht zum Abkühlen auf die Fensterbank gestellt hatte, spielten wir gerade im Hof. Plötzlich hörten wir einen aufgeregten Schrei. Von dem ganzen Hecht waren nur noch die Gräten zu sehen. Die Katzen hatten sich über den köstlichen Fisch hergemacht.

Als ich fünf Jahre alt wurde, gaben mich meine Eltern in einen jüdischen Privatkindergarten. Er war in einer wunderschönen Villa eingerichtet, die mitten im Zentrum der Stadt lag. Dort kümmerten sich zwei Schwestern um die anderen Kinder und mich und bereiteten uns auf die Schule vor. Wir lernten dort Lesen, Schreiben, Rechnen, Häkeln und Stricken. Wenn es kalt wurde, brannte im Kamin ein Feuer und im Sommer konnten wir im großen Garten toben. Eine wunderbare Zeit. In diesem Kindergarten lernte ich meine besten Freunde kennen: Holler Frensdorff und Nana Schleissner. Natürlich hießen sie nicht wirklich so, aber welches Kind wollte Reinhold und Marianne genannt werden? Hollers Vater war unser Kinderarzt, Nanas Vater hatte eine Röhrenfabrik. Es fehlte uns an nichts. Wir hatten unser Spielzeug, unsere Puppen und viel Zeit zum Spielen. Die beiden Kindergärtnerinnen bereiteten uns ein wahrhaftiges Paradies in dieser wunderschönen riesigen Villa, in der sie auch lebten. Aber das Tollste von alledem: Sie brachten

*Goldene Hochzeit von Henriette und Wolf Kreuzer:
Egon (ältester Sohn von Albert, ermordet in Riga-Kaiserwald), Willi,
Adolf, mein Vater Hermann, Bernhard, Leo.*

mir das Lesen bei. Ich konnte es kaum abwarten, endlich meine eigenen Bücher lesen zu können. Ich las ununterbrochen und verschlang die Bücher geradezu. Sie eröffneten mir eine neue Welt, in die ich nur zu gerne eintauchen wollte. Ich träumte gerne. Manchmal saß ich auf der Fensterbank und wünschte mich in andere Welten. Da sah ich einmal den großen Zeppelin durch unsere Straße gleiten. Von meinem Fenster konnte ich direkt in diesen unglaublich riesigen Korb schauen. Welch ein Ereignis für ein kleines Mädchen.

In diesem Jahr 1936 wurde mein Vater von der Reichsbank *außer Dienst gestellt,* wie es so schön hieß. Der Grund: Er war Jude. Ausgerechnet ihm passierte es also. Hermann Kreuzer, diesem überaus korrekten deutschen Bankbeamten. Sein maßgeschneiderter Anzug saß immer tadellos, der Scheitel war penibelst ausgerichtet und die Haare wurden täglich mit Birkenhaarwasser in Fasson gebracht. Seine Nägel polierte er mit einer Lederbürste und sonntags putzte er die Schuhe, auch die von uns. „Ein guter Deutscher hat saubere Schuhe", meinte er. Von uns allen verlangte er exakte Pünktlichkeit, ob wir nun in die Schule gingen oder in die Synagoge. Und natürlich durfte sich unsere Mutter als Frau eines deutschen Beamten auch nicht schminken. Alles musste in seinem Leben eine Ordnung haben. Wenn wir am Schabbat spazieren gingen, sollten Gerda und ich händchenhaltend

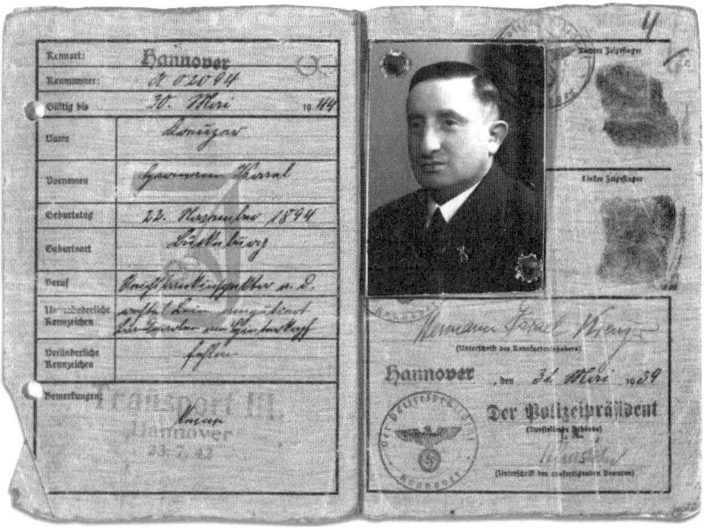

Die Judenkennkarte von Hermann Kreuzer.

vorangehen. Und diese deutschen Tugenden waren plötzlich nichts mehr wert. Er konnte nicht glauben, dass sie tatsächlich ihn mit der Entlassung meinten. Die große Wohnung konnten wir uns jetzt nicht mehr leisten. Daher beschlossen meine Eltern, in eine kleinere Wohnung in der Freitagstraße zu ziehen. Am Tag des Umzugs gaben uns unsere Eltern in die Obhut von zwei älteren Damen. Sie reichten uns Schokoladenkuchen, den wir nicht ausstehen konnten. Die Damen waren ganz unglücklich, weil wir auch sonst nichts mochten, was sie für uns hatten.

Die neue Wohnung gefiel uns nicht. Sie war klein, dunkel und nach hinten gelegen. Nichts erinnerte mehr an das sorglose Leben in unserer großzügigen Wohnung. Zum Glück hatte ich meine Bücher. Abends nahm ich mir einen Stapel mit ins Bett, um sie heimlich mit einer Taschenlampe unter der Decke zu lesen. Das wusste meine kleine Schwester und drohte mit Verrat bei unseren Eltern, wenn ich ihr nicht vorher eine Geschichte erzählen würde. So musste ich mir Märchen ausdenken, während meine Helden in den Büchern darauf warteten, von mir entdeckt zu werden.

Lesen und Schreiben auf Umwegen

1937 wurde ich sechs Jahre und sollte endlich in die Schule kommen. Meine Mutter ging mit mir in die Grundschule Meterstraße, um mich anzumelden. Glücklich und voller Erwartung auf die neue Schulzeit kehrten wir wieder nach Hause zurück. Kaum dort angekommen, klingelte das Telefon. Es war die Direktorin, die empört ins Telefon schrie. Sie war so laut, dass ich es selbst aus einiger Entfernung mitbekam. Wie käme meine Mutter nur dazu, mich bei ihr anzumelden, wo ich doch Jüdin sei. Das saß. Auch alle anderen jüdischen Kinder durften plötzlich nicht mehr in ihre Klassen zurück. Rasch machte die Jüdische Gemeinde in der Lützowstraße Räume frei und suchte nach Lehrkräften, die unterrichten konnten. Mathematik wurde von einem Ingenieur unterrichtet, Sport von einem ehemaligen Vorturner. Endlich konnte für mich die Schule beginnen. Auch meine Freunde Holler und Nana waren in meiner Klasse.

Ich liebte die Schule. Jetzt konnte ich lernen. Aber es langweilte mich, als ich feststellte, wie viel ich eigentlich schon wusste. Schließlich hatte ich schon vorher alles gelesen, was mir zwischen die Finger kam. Wir hatten einen jungen Lehrer, der uns mit viel Motivation in einer schwierigen Zeit unter-

Mein 1. Schultag am 13.4.1937.

Die 1. Klasse der Jüdischen Aufbauschule in der Lutzowstraße Hannover, 1937: Margot Kreuzer (hintere Reihe Mitte mit weißer Baskenmütze).

richtete und ab und zu für besonders gute Mitarbeit kleine Schokoladentäfelchen verteilte. Er hatte nicht viel von mir. Vieles, was da unterrichtet wurde, kannte ich ja schon vom Kindergarten oder aus meinen Büchern. Und vieles langweilte mich einfach. Ich legte immer auf meinen Tornister unter der Bank ein aufgeschlagenes Buch, zog den Tornister etwas vor und las. Dann setzte ich mich gerade hin, schaute Löcher in die Luft und erfand die Geschichte weiter. Oben am Himmel war eine Fee, die rief: Margot, komm rauf! Und schwups war ich oben auf einer weißen Wolke, die Sonne schien und es war so angenehm. Wenn der Lehrer „Margot" rief, hörte ich es gar nicht und kam nur sehr widerwillig aus meiner Traumwelt zurück, wenn er mich etwas an der Schulter schüttelte.

Der Nationalsozialismus breitete sich nun rasant aus. Die großen roten Nazifahnen hingen überall in den Hauptstraßen von den Häusern, pausenlos wurde marschiert – die SS, die SA, Soldaten, alle wunderbar neu eingekleidet mit Stiefeln und Abzeichen, sie sangen: „Heute gehört uns Deutschland und morgen die ganze Welt", „SA marschiert mit ruhigem festem Tritt" oder „„Wenn das Judenblut vom Messer spritzt", vor allem aber immer wieder: „Deutschland, Deutschland über alles, über alles in der Welt". Ihre Stimmen klingen noch heute in meinen Ohren. Auch in dem Kindergarten gegenüber unserer Wohnung wurde jeden Tag mit

Kinder da, nie für ihn. Wenn er seinen Vater sehen wollte, musste er vorgeben, krank zu sein. Bald durfte Dr. Frensdorff als Kinderarzt nicht mehr arbeiten. Er wäre gerne mit seiner Familie ausgereist, aber ihm fehlte das nötige Geld. Aus lauter Verzweiflung nahm er sich das Leben. Holler war jetzt allein mit seiner Mutter und seinem Bruder. Zusammen kamen sie in ein jüdisches Waisenhaus in Berlin und konnten mit einem Kindertransport endlich nach Palästina gehen.

Die Juden in Deutschland hungerten und wir Kinder ganz besonders. Es war der schleichende Beginn des Völkermordes. Viele nahmen sich das Leben. In den sogenannten „Judenläden" gab es meist gar nichts mehr zu kaufen. Alle polnischen Juden wurden nach Polen abgeschoben. Es war wie ein Albtraum, aus dem ich so gerne aufgewacht wäre. Meine Mutter war verzweifelt. Lebensmittel gab es nur noch gegen diese Lebensmittelkarten, wo auf jedem kleinen Abschnitt ein „J" war. Damit durften wir nur noch in Judenläden einkaufen. Doch diese Lebensmittel reichten nicht zum Überleben. Zum Glück gab es Menschen, die halfen. Unser Schlachter Bettels gab uns und anderen Juden in seiner Wohnung Fleisch und Wurst gegen Geld, aber ohne Marken. Mama nahm mich immer mit in die Wohnung. Auch unser Lebensmittelhändler Ihsen brachte sich in Gefahr, als er uns in seinen Privaträumen Nahrungsmittel verkaufte. Natürlich war das Essen nicht koscher, doch das spielte keine Rolle mehr. Mein Vater sagte: „Ein frommer Jude muss sich Gegebenheiten anpassen. Er braucht auch kein Käppchen zu tragen, wenn er deswegen verfolgt wird." Wir waren glücklich, dass diese Leute uns Essen verkauften, obwohl sie ihr Leben für uns riskierten. Doch das Glück währte nicht lange. Beide wurden angezeigt. Herr Bettels kam in eine Strafkompanie nach Russland. Sein Haus und Laden wurden ihm weggenommen, seine Frau musste mit drei kleinen Kindern als einfache Verkäuferin den Lebensunterhalt der Familie bestreiten. Herr Ihsen konnte sich wohl durch einen Parteieintritt retten und einen Naziposten besetzen, aber er hätte dies sicher niemals freiwillig getan. Beide hatten uns über einen längeren Zeitraum das Leben gerettet.

Ende 1941 bekamen wir „Judensterne". Kein Jude durfte mehr ohne diesen Judenstern auf die Straße gehen. Es war genau vorgeschrieben, in welcher Höhe der Stern an der Kleidung angenäht werden musste. Auf der Hildesheimer Straße gab es einen Herrn, der vor jedem, der einen Judenstern trug, den Hut zog und sich tief verneigte. Auch eine Form von Mut und Heldentum! Aber es gab auch die Zeitungsfrau, die meinem Vater – der ja immerhin ein Kriegsbeschädigter mit Eisernem Kreuz war – sagte: „Ich verkaufe nicht an Juden!" Ich wurde als „Judensau" beschimpft und traute mich nicht mehr auf die Straße. Ich erinnere mich an die ge-

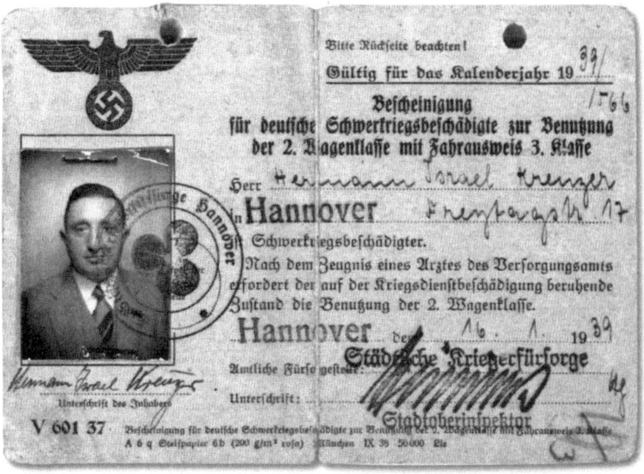

Der Ausweis für Schwerkriegsbeschädigte von Hermann Kreuzer.

hetzten, blassen Gesichter, die mit der Aktentasche versuchten, den Judenstern zu verstecken. Für meinen Vater und all die anderen deutschen Juden seiner Generation muss es furchtbar gewesen sein. Sie hatten geglaubt, Deutsche zu sein, und hatten immer so gehandelt, und nun wurden sie pausenlos gedemütigt. Es gab einen jüdischen Installateur, der zur Gestapo bestellt wurde – er war wohl angezeigt worden. Man fragte ihn, was er sei, und er sagte „ein Installateur". Doch sie bestanden darauf, dass er ein „Judenschwein", eine „Judensau" sei, und zwangen ihn, das zu wiederholen. Aber er wiederholte immer nur: „Ich bin ein Installateur." Da schlugen sie ihn zusammen, so lange, bis er tot war. Seine Frau musste die Leiche abholen lassen.

Scherben und braune Uniform

Dann kam der 9. November 1938. Sie steckten unsere wunderschöne, prächtige Synagoge an. In dieser Nacht wurden die jüdischen Männer abgeholt. Sie kamen nach Buchenwald, Dachau, Sachsenhausen oder nach Esterwegen im Emsland. Nur wer ein Ausreisevisum hatte, kam wieder zurück. Andere wurden gegen die Freigabe ihres Vermögens zur Ausreise gezwungen. Ich bekam davon vorerst nichts mit. Erst am nächsten Morgen auf dem Weg zur Schule sah ich das ganze Ausmaß der Tragödie: Der Himmel war rot vom Feuer und Rauch. Die Synagoge brannte noch den ganzen Tag über, viele Leute standen um sie herum, aber die Feuerwehr löschte nicht. Die Schule schickte uns wieder nach Hause zurück. Auf dem Heimweg konnte ich sehen, dass man die Scheiben der jüdischen Geschäfte eingeschlagen hatte und die deutsche Bevölkerung sich hemmungslos bedienen konnte. Und das tat sie auch. Überall standen diese SA-Leute in ihrer braunen Uniform. Wir Kinder hatten schreckliche Angst und versteckten uns meist vor ihnen.

Zum Glück verschonten sie meinen Papa, aber meinen Onkel Bernhard holten sie ab. Er kam in ein Konzentrationslager.

Es war, als nehme man uns ganz langsam die Luft zum Atmen. Dann wurde auch das Haus der

Die neue Synagoge mitten im Herzen der Hannoverschen Neustadt. 1870 von Edwin Oppler fertig gestellt, wurde sie am 9. November 1938 in der Reichsprogromnacht zerstört.

Jüdischen Gemeinde in der Lützowstraße beschlagnahmt. Und wieder mussten wir mit der Klasse umziehen. Der Unterricht fand nun für etwa eineinhalb Jahre in einem anderen Haus der Gemeinde statt, in dem die Sozialstation untergebracht war, man hätte es aber auch Armenstation nennen können. Hier gab es Suppe und Kleidung für die Bedürftigen ohne Wohnung, von denen es jetzt immer mehr gab. Wir Kinder gingen oft für diese armen Leute sammeln. In der Sozialstation bekamen wir Listen mit Familien, die noch etwas geben konnten. Vielleicht, weil ich so ein feines Mädchen mit schönen Kleidern war, bekam ich oft die Liste mit den sehr reichen Juden, die noch in ihren Villen wohnen durften. Dort lebten dann die Kommerzienräte und Geheimräte, die sich wie in alten Zeiten zum Kartenspiel trafen.

Ich wusste, wenn ich am Nachmittag in einer bestimmten Villa war, traf ich dort die meisten, sie spielten Karten, tranken Wein und rauchten Zigarre. Ich war gerne dort. Ein Diener öffnete die Tür, eine Haushälterin mit Schürze und weißem Kragen schwebte die Treppe herunter und brachte mir auf einem Silbertablett feine Kekse und süßen Wein. Dann riefen mich die Herren immer zu sich: „Komm Margotchen, sei unser Maskottchen und bring uns Glück beim Kartenspiel." Dann setzte ich mich auf so ein vornehmes Sofa und sah ihnen zu. Es war eine wunderschöne Welt, in die ich für kurze Zeit eintauchen durfte. Eine Welt, die bald genauso schnell verfliegen sollte wie der Rauch ihrer Zigarren. Viele dieser Herren wurden ermordet, manche konnten fliehen. Doch die Zeiten des Glücks kehrten nie wieder zurück. Sie waren Ärzte, Advokaten oder Kaufhausbesitzer. Warum sollte man ihnen etwas antun? Denn sie lebten noch und glaubten nicht an den Verlust ihres Wohlstands. Wenn ich gehen wollte – denn es schickte sich nicht, als Mädchen so lange in einem fremden Haus zu bleiben –, gaben mir die eleganten Männer immer viel Geld für die armen Juden mit. Während die anderen Kinder 20 oder 50 Pfennig bekamen, gab man mir 50 oder sogar 100 Mark. Niemals hätte ich daran gedacht, das viele Geld zu behalten. Dazu war ich zu sehr die ehrliche Beamtentochter gewesen. Selbst in ihrer Not hätten meine Eltern dieses Vergehen niemals toleriert.

Die ersten Schulferien kamen. Meine Eltern fuhren mit uns in ihrem Opel P4 an den Rhein. Es war ein kleines, treues Auto, an dem besonders mein Vater sehr hing. Wir wohnten im gemütlichen Haus eines Rheinfischers in St. Goar, gegenüber dem Loreley-Felsen. Es sollten für eine sehr lange Zeit die letzten Ferien sein. Unbekümmert und ohne Sorgen wollten meine Eltern mit uns diese Tage verbringen. Wir sollten die Düsternis des braunen Alltags vergessen. Wir spielten, gingen viel spazieren und sahen den Schiffen auf dem Rhein zu. Endlich konnte ich wieder unbeschwert herumlaufen. Das traute ich mich in Hannover kaum noch. Meine Mutter schickte mich dann auch zu einem Fischer an Rhein. Ich glaube, ich sollte einen Fisch reservieren lassen. Die Luft war warm, der Wind rauschte durch meine langen Haare – wie schön konnte dieses Land doch sein. Ein Ausflugsdampfer kam von links den Rhein herunter. Er war geschmückt mit bunten Lämpchen und Fähnchen. Ich sah Menschen, die ausgelassen tanzten, an der Reling lehnten und tranken. Plötzlich senkte sich der Bug ins Wasser und das Schiff ging unter. Sehr schnell. Es war wohl auf eines der Riffe des Loreley-Felsens aufgefahren. In kurzer Zeit war von dem ganzen Schiff und den Menschen darauf nichts mehr zu sehen. Die Musik war verstummt. Ich stand da und war mir nicht klar, was ich gerade gesehen hatte. Wie angewurzelt starrte ich auf den Rhein. Konnte ein so großes Schiff so einfach verschwinden? Warum kam niemand zu Hilfe? Wo waren die vielen Menschen und ihr Gelächter geblieben? Verstört ging ich den Berg wieder hinauf. Meinen Eltern erzählte ich nichts. Vielleicht hätten sie mir sowieso nicht geglaubt.

Ich war froh, als sich meine Eltern entschlossen, die Ferien in Düren fortzusetzen. Dort wohnte Onkel Willi, der jüngste Bruder meines Vaters, mit seiner Frau, Tante Hertha. Sie besaßen in Düren ein Haus mit einem Textilgeschäft. Wegen dieses Hauses sind sie umgekommen. Sie hatten, wie alle sechs Kreuzer-Brüder, von einem Verwandten meines

Großvaters Affidavits[1], also Bürgschaften, nach Amerika bekommen. Die Vereinigten Staaten hatten die Einwanderung von den Juden aus Deutschland kontingentiert. Zusätzlich musste man noch einen Quotenplatz erhalten. Solch eine Quote besaß Onkel Willi. Alle Formalitäten waren geklärt. Er hätte nur noch ausreisen müssen. Der Glückliche. Alle Brüder beneideten ihn darum. Doch Tante Herta bestand darauf, erst das Haus verkaufen zu wollen. Sie wollte nicht als Bettlerin auswandern. Sie überließen ihre Quote seinem älteren Bruder Adolf und seiner Frau Hilde. Die wanderten nach Amerika aus – nach Gastonia in North Carolina. Tante Hilde war Pianistin, sie gab Klavierunterricht, schrieb Lehrbücher und spielte in der dortigen Kirche die Orgel. Das Haus von Onkel Willi und Tante Hertha wurde enteignet und sie kamen in das Konzentrationslager Mauthausen. Eines Tages erreichte uns eine Karte, die wohl ein Soldat aus Düren mitgenommen hatte. Sie schrieben: „Wir hungern so sehr und wir frieren so schrecklich, könnt ihr uns nicht helfen?" Da waren wir längst in einem Judenhaus und kämpften um unser eigenes Überleben. Willi und Hertha wurden in Treblinka vergast.

Dann starb mein Opa Wolf. Mama zog uns unsere guten Kleider an und wir fuhren gemeinsam nach Bückeburg. Ich konnte gar nicht glauben, wie viele Menschen den Opa gekannt hatten. Alle kamen sie zu seinem Sarg, der in der guten Stube aufgebahrt war. Dafür brauchte man also die „gute Stube“, dachte ich damals, denn der Raum mit den dunklen Möbeln wurde fast nie benutzt. Alle sechs Söhne saßen „Schiwe“. Es sollte das letzte Mal sein, dass sie sich sahen. Alle Bauern und Dörfler, die mit meinem Opa zu tun gehabt hatten, kamen zum Kondolieren. Als Opa Wolf auf dem jüdischen Friedhof am Harl beerdigt wurde, war der ganze Weg schwarz von den vielen Menschen. Jetzt war Oma Jette allein. Sie war zuckerkrank und fast blind. Papa nahm sie mit nach Hannover, und fortan lebte sie mit uns und meinem Cousin Klaus in der kleinen Dreizimmerwohnung.

Ein Goldring und ein rotes Fahrrad

Es war die letzte Reise mit unserem kleinen Opel. Kurze Zeit nachdem wir wieder in Hannover ankamen, musste mein Vater sein geliebtes Auto abgeben, denn Juden durften keine Autos mehr besitzen.

Das zweite Schuljahr begann. Es waren kaum noch Kinder da, denn inzwischen hatten sie ja die polnischen Juden nach Polen ausgewiesen. Weil mein Großvater sich hatte „naturalisieren" lassen, wie die Einbürgerung damals hieß, wurden wir nicht ausgewiesen. Auch unser Lehrer war nicht mehr da. Niemand wusste, was mit ihm geschehen war. Dafür bekamen wir jetzt Miss Eichwald aus England als neue Klassenlehrerin zugeteilt. Sie hatte ein ganzes Leben in London an einer Highschool unterrichtet und kam nun nach ihrer Pensionierung nach Deutschland zurück. Sie war so lustig und nicht selten neckten wir sie mit unseren Streichen. Das Lernen bei ihr machte Spaß. Wir lernten sehr gut und schnell Englisch. Öfters gingen mein Cousin Klaus, mein Schulkamerad Walter Ahrensberg und ich auch nachmittags zu ihr nach Hause. Dort spielten wir Spiele, aber gesprochen wurde nur englisch. Wäre sie doch in England geblieben. 1941 kam sie in das Lager in Riga mit den anderen hannoverschen Juden.

Die Zeiten wurden schlimmer und kälter. Im

Die jüdische Schule in der Ohestraße, 1939. Meine Englischlehrerin Miss Eichwald (3.v.l.), rechts daneben im weißen Kleid stehe ich (5.v.l.), Klaus sitzt in der ersten Reihe (2.v.r.). Nur wenige haben überlebt. Die Schule wurde 1940 geschlossen, das Gebäude zum Judenhaus umgewandelt.

Winter 1939 mussten die jüdischen Frauen ihre Pelzmäntel abgeben. Meine Mutter war immer sehr bescheiden gewesen und besaß nur einen Fohlenmantel, den sie nun hergeben musste. Fast noch schmerzvoller war für sie, dass sie auch ihren Schmuck nicht mehr behalten durfte. Schmuck, den sie von ihrer verstorbenen Mutter geerbt hatte, dazu die silbernen Leuchter und das gute Silberbesteck. Wie sollte sie jetzt die Schabbatkerzen anzünden, ohne Kerzenleuchter? Nur einen Ring haben sie gewagt zu verstecken. Es war der Verlobungsring meiner Mutter, den sie von ihrem Vater bekommen hatte. Ein wunderschöner goldener Brillantring. Doch wo sollte mein Vater ihn vor den Nazis verstecken? Es gab nur eine Möglichkeit: in seinem Beinstumpf. Dort blieb er die ganzen Kriegsjahre versteckt. Aus Angst, dass wir Kinder ihn verraten könnten, blieb es bis zum Kriegsende sein wertvolles Geheimnis. So viel Mut hatte ich ihm nicht zugetraut.

Und ich musste mein Fahrrad abgeben, ein wunderschönes rotes Erich-Möller-Rad. Papa hatte es mir zum Geburtstag geschenkt und ich fuhr so gerne Rennen damit. Ich liebte dieses Rad. Es machte mich unabhängig und gab mir ein Gefühl von Freiheit in diesen Tagen. Ich fuhr so schnell ich konnte. Ich glaubte, niemand würde mich jemals einholen können. Dann stand es auf einmal nicht mehr im Hof. Papa hatte es abgegeben. Er musste es tun, erklärte er mir hinterher. Ich wollte weinen, aber es kamen keine Tränen. Wir Kinder haben nicht mehr geweint.

Meine Eltern schickten mich jetzt absichtlich in die Judenläden, damit es nicht auffiel, dass wir dort nie einkauften. Welch ein Zynismus: Außer dem Brot vom Vortag gab es dort sowieso nichts mehr. Trotzdem sollten wir uns dort regelmäßig anstellen. Daher schickte mich meine Mutter eines Tages zum Bäcker, um Brot zu holen. Ich holte das Brot und dachte daran, wie ich am schnellsten wieder nach Hause kam. Wie immer schaute ich beim Gehen auf den Boden. Auf keinem Fall wollte ich wieder mit Steinen beworfen werden. Wenn man niemanden anschaute, konnte man auch niemanden mit der bloßen Anwesenheit ärgern. Doch irgendetwas ließ mich hochblicken. Ich sah plötzlich eine ganz normale Welt, in der ich nun nicht mehr zu Hause sein durfte. Die Straßenbahnen fuhren, die Autos kamen von allen Seiten, schicke Damen führten ihre neuesten Hüte aus. Was wussten sie von unserem Elend? Sie sahen durch mich hindurch und erkannten nicht, was in mir vorging. Zwei hübsche junge Frauen in geblümten Kleidern und Schuhen mit hohen Absätzen flanierten die Hildesheimer Straße entlang. Sie schauten in die Auslagen der Geschäfte und begutachteten die neueste Mode. Sich unterhaltend überquerten sie die Straße. Sie waren so gutgelaunt. Ich konnte meine Blicke nicht abwenden. Dann blieb die eine junge Frau mit ihrem Absatz in einer Schiene hängen, während die andere weiterging. Die junge Frau bemühte sich, Fuß und Schuh aus der Schiene zu lösen, da kam von links eine Straßenbahn und trennte ihr den Fuß ab. Die Zehen und der Hacken flogen nach allen Seiten. Sofort liefen die Leute von allen Seiten heran, ein Krankenwagen kam, man sammelte die Zehen ein. Ich ging weiter. Nachher hieß es noch, das Judenmädchen sei schuld an dem Unfall.

Spätestens jetzt wusste wirklich jeder, wer ich war. Im Pass war vorne ein großes „J“ eingestempelt. Alle Männer hießen zusätzlich „Israel“, alle Frauen und Mädchen hießen „Sara“. Mein Name war nun Margot „Sara“ Kreuzer.

Es klopfte an der Tür. So ein Klopfen jagte uns immer wieder Schrecken ein. Mama war am mutigsten. Sie öffnete sofort. Da stand mein Onkel Bernhard. Wie hatten sie ihn zugerichtet? Er war von oben bis unten zerschlagen – voll mit Wunden. Die Kleidung zerrissen und voller Blut. Erschöpft ließ er sich fallen. Mama legte ihn sofort in die Badewanne. Das heiße Wasser sollte den Schorf und den Schmutz lösen, mit dem sein ganzer Körper übersät war. Seinen Kopf hatten sie ihm rasiert und blutig geschlagen. Es dauerte wohl Tage, bis meine Mutter ihn wirklich behandeln konnte.

Zum Glück war sie früher Krankenschwester gewesen und hatte wohl schon viele Verwundete gesehen. Aber ich nicht. Wie konnten Menschen so etwas tun? Onkel Bernhard erzählte, sie hätten ihn laufen lassen, weil er Papiere für Amerika hatte. Sein Leben war aus den Fugen geraten. Seine Frau war schwermütig geworden und in die Wunstorfer Heilanstalt gekommen, sein Sohn Klaus lebte seither bei uns.

1939 starb dann auch Oma Jette und wurde in Bückeburg neben ihrem Mann beigesetzt. Die Söhne setzten ihnen liegende Grabsteine, weil stehende zerstört werden konnten. Onkel Bernhard nahm sich eine kleine Wohnung für Tante Else, Klaus und ihn, so wurde unsere Wohnung wieder leerer.

Alle jüdischen Geschäfte, Firmen, Fabriken, Praxen wurden jetzt arisiert. Das heißt, man nahm sie den Juden weg und gab sie verdienten Nazis. Die jeweilige Buchhaltung musste korrekt mit einer Bilanz abgeschlossen werden. Das war nun die Tätigkeit meines Vaters. Immerhin wurde er dafür bezahlt. Wir hatten Bürgschaften für die USA, doch mein Vater wollte noch immer nicht auswandern. Wie gerne wäre ich alldem entflohen. Doch Papa glaubte noch immer fest daran, dass ihm als Deutschem nichts passieren würde.

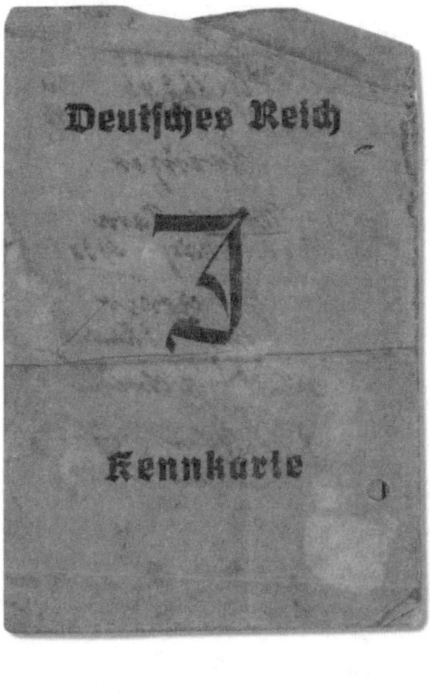

Judenkennkarte 1942: „Spätestens jetzt wusste jeder, wer ich war.“ (Passfoto mit freigemachtem Ohr)

Abschied von der roten Tasche

1940 mussten wir unsere Wohnung verlassen und kamen in ein Judenhaus in der Bödekerstraße 70. Über 1000 andere jüdische Hannoveraner wurden damals in 14 hannoverschen Judenhäusern zusammengepfercht. Wir mussten alles in der Wohnung lassen, nur Kleidung und Bettzeug durfte man mitnehmen. Meine Puppen blieben in ihren Betten, die Spiele, die meine Mutter immer mit uns gespielt hatte, blieben in ihrem Fach im Wohnzimmer liegen. Auch meine hübsche kleine Puppe aus Zelluloid mit dem geblümten Kleid durfte ich nicht mehr mitnehmen. Aber vor allem trauerte ich um meine Bücher, die ich wieder und wieder gelesen hatte. Wie sollte ich ohne meine Freunde in den Büchern leben können? Gerda und ich wurden nicht gefragt, was wir mitnehmen wollten. Ich hatte an meine geliebte Handtasche aus rotem Saffian gedacht. Papa hatte sie mir geschenkt und noch zusätzlich ein Fläschchen Parfum und ein Taschentuch beigepackt. Sie war wunderschön, aber auch sie musste ich in der Wohnung zurücklassen. Und Gerda hätte so gerne ihren Kanarienvogel behalten. Aber Mama wusste es besser. Der kleine Vogel hätte keine Zukunft bei uns gehabt. So gab sie ihn der Nachbarin, die versprach, sich um ihn zu kümmern.

Die Nachbarn nahmen gerne unsere Sachen. Meine Mutter hatte ein paar sehr schön bestickte Kissen und Kristallvasen zu unserer Nachbarin gebracht, Frau Remmers. Sie hatte ewig bei uns gesessen und sich von Mama bedienen lassen. „Haben Sie noch eine Tasse Tee, hätten Sie noch etwas von diesem köstlichen Kuchen?“ Meine Mutter war viel zu höflich, um ihre Bitten abzuschlagen. Warum hätte Mama die Sachen nicht bei ihr lassen sollen? Irgendwann wollte Mama diese Sachen wieder holen. Da sagte diese Frau Remmers: „Sie wissen doch, Sie dürfen das Haus gar nicht mehr betreten! Soll ich die Gestapo rufen?“ Sie gab die Sachen nicht heraus. Ähnlich erging es uns mit der Fischhändlerin. Meine Mutter hatte für meine Schwester und mich Aussteuer-Bettwäsche nähen lassen. Es war feinstes Leinen mit unseren Initialen darauf. Sorgfältig zusammengefaltet in einer wertvollen, hellbraunen Holztruhe wartete die schöne Wäsche auf unsere Hochzeit. Mama wollte auf keinen Fall, dass mit der Wäsche etwas geschah. Als wir ins Judenhaus mussten, fragte sie deshalb die Fischhändlerin, ob sie die Truhe für sie aufbewahren könne. Natürlich konnte sie, aber sie wieder herausgeben, das konnte sie nicht. Nach dem Krieg erinnerte sich meine Mutter an die Kiste und ging mit mir zu der Fischhändlerin. Das Geschäft war immer noch an derselben Stelle. Es hatte die schlimmen Jahre scheinbar unbeschadet überstanden. Die Fischhändlerin war sichtlich erstaunt, als sie uns sah. Sie hatte wohl nicht damit gerechnet, uns je wiederzusehen. Als wir nach der Truhe fragten, wollte sie nichts davon wissen: „Die Wäsche hat jetzt meine Tochter und die behält sie auch. Wenn ich gewusst hätte, dass Sie überleben, hätte ich die Kiste gar nicht erst genommen." Das saß. Wir hatten zu viel erlebt, als dass wir jetzt Widerspruch eingelegt hätten. Sie gab die Wäsche nicht wieder heraus. Ich stellte mir vor, in wie vielen deutschen Haushalten Sachen von Juden standen, deren Eigentümer nie wiederkommen würden – denn die meisten deutschen Juden waren tot.

Wo ist das Kinderzimmer?

In der kleinen Wohnung im Judenhaus in der Bödekerstraße lebten sieben Leute. Wir teilten uns ein Badezimmer und eine Toilette. Immerhin hatten wir ein eingerichtetes Schlafzimmer mit einem Bett zum Schlafen. Doch es war sehr eng. Pausenlos kamen SA- oder SS-Leute in die Zimmer, sie kontrollierten die Ausweise und die Personen. Nacht für Nacht kamen die SA-Leute betrunken mit ihren Freundinnen, schleppten die Juden in die Keller und schlugen sie brutal zusammen. Gerda und ich lagen im Bett und hatten schreckliche Angst. Zum Glück verschonten sie unseren Papa, aber alle anderen Männer mussten hinunter. In dieser Zeit fing ich an, nachts zu schlafwandeln. Irgendwie stieß ich dabei mit dem Kopf gegen eine Kiste und verletzte mich schwer. Wir hatten einen christlichen Hausarzt, der – obwohl längst verboten – doch zu Juden ging. Er sagte zu meiner Mutter: „Wissen Sie was, Frau Kreuzer, stellen Sie eine Schüssel mit kaltem Wasser vor das Bett, wo Margot schläft. Dann schlafwandelt sie nicht mehr.“ Er sagte das in meiner Anwesenheit. Natürlich stellte meine Mutter keine Schüssel vor mein Bett, aber der Rat des Arztes saß wohl so tief in mir, dass ich von da ab nicht mehr nachts wandelnd durch die Wohnung lief. Nach ein paar Monaten wurde der Status des Hauses als „Judenhaus“ aufgehoben. Im September 1939 sollten wir alle in die Totenhalle auf dem Jüdischen Friedhof in der Strangriede kommen. Der Platz für uns vier sollte gerade mal so groß sein wie ein Bett. Dort schliefen die Menschen auf dem Boden. Es war furchtbar kalt und zog überall. Für sie, es waren wohl etwas über 100 Leute, gab es nur eine einzige Toilette und einen Wasserhahn. Was hatten wir nur getan, fragte ich meine Mutter immer wieder, dass wir so leben müssen? Sie wusste keine Antwort. Aber sie war eine starke Frau und konnte uns Kindern Mut machen. Wie durch ein Wunder kam zu diesem Zeitpunkt ein ehemaliger Kollege meines Vaters von der Reichsbank zu uns. Mein Vater hatte ihm öfter Geld geliehen, ohne es zurückzuerhalten – er trank ein bisschen zu viel. Er kam also zu uns und sagte: „Mein Bruder ist bei der Gestapo. In der Yorckstraße gibt es ein Haus, das amerikanischen Juden gehört und deswegen nicht enteignet werden kann. Jedenfalls ist da eine Wohnung frei. Mein Bruder von der Gestapo hat gesagt, ihr sollt sie haben.“ Unglaublich. Ich kann nicht beschreiben, wie sehr sich meine Eltern gefreut haben. Wir konnten raus aus dem Elend und in eine eigene Wohnung ziehen. Jedenfalls für eine bestimmte Zeit. Mein Vater besorgte ein paar Möbelstücke von ausgewanderten Juden und meine Mutter konnte ihre Schlafzimmereinrichtung unterbringen. Ich kann mich nicht daran erinnern, wie sie das Transportproblem gelöste hatte, aber irgendwie hatte sie plötzlich ihr Schlafzimmer wieder. Endlich keine nächtlichen Besuche der SS mehr, endlich durchschlafen. Wir waren die einzigen Juden im Haus. In der Zeit wurde Hannover schon bombardiert. Natürlich durften wir nicht in die Luftschutzkeller, doch das störte uns nicht. Die meisten Bomben waren Brandbomben. Dann fiel die erste Sprengbombe in Hannover in die Friesenstraße. Sie durchschlug eineinhalb Häuser, auch die Luftschutzkeller. Die Friesenstraße war schräg gegenüber unserer Straße. Am nächsten Morgen liefen alle Kinder zum Haus hinüber. Ein halbes Haus war stehen geblieben. Ganz oben im Zimmer lag ein alter Mann, der von alledem nichts gehört hatte.

Im Dezember 1941 traten auch die USA in den Krieg ein. Das Haus in der Yorckstraße wurde nun doch enteignet und wir mussten wieder in ein Judenhaus ziehen. Jetzt kamen wir in ein Altersheim in Bemerode – die James-Heinemann-Stiftung. Wir hatten ein winziges Zimmer, in dem man gerade zwei Matratzen auf den Boden legen konnte. Für das geliebte Schlafzimmer meiner Mutter war jetzt kein Platz mehr. Sie überließ es der Hausmeisterfrau, die es gerne nahm: „Wir wollten uns sowieso ein neues Schlafzimmer kaufen." Mama bekam keinen Pfennig für die schönen Möbel. Dabei wollte sie es eigentlich unbedingt behalten. Sie glaubte immer: „Solange ich das Schlafzimmer noch habe, hält meine Ehe noch." Nun mussten sie auf dem Boden schlafen. Das war für meinen Vater mit seinem einen Bein besonders unangenehm. In diesem Judenhaus trafen wir auf Klara Berliner, die auch hierher gekommen war. Sie war die Tochter von Joseph Berliner, einem der drei berühmten Berliner-Brüder. Sie war körperlich schwer behindert, aber sie war sehr klug und sie fühlte sich so allein. Mein Vater – überaus edel und herzensgut wie alle Männer unserer Familie – forderte sie auf, sich in unserem kleinen Raum bei seinen Kindern aufzuhalten. Sie freute sich darüber sehr und war nun viel mit uns zusammen. Sie war sehr nett zu uns, erzählte uns schöne Geschichten und kochte Pudding. Sie war einmal sehr reich gewesen und wohnte jetzt mit uns in bitterster Armut. Mein Vater war zu dieser Zeit in der Verwaltung des Altersheimes tätig und meine Mutter als Krankenschwester. Und Papa durfte in einem kleinen Raum vorbeten. Wenigstens hier durfte er Jude sein. Aber wer sollte die Thora-Rolle halten? Eigentlich war dies nur Männern vorbehalten. Und dabei geschah das Unglaubliche: Weil Papa keinen Sohn hatte, dem er die Rolle nach dem Vorbeten hätte geben können, gab er sie mir zum Tragen. Mein religiöser Papa setzte sich über alle Regeln hinweg und gab sie seiner Tochter. Ich war so stolz. Denn er zeigte mir damit, dass er auch stolz auf mich war. Ich las viel und wusste viel. Das machte ihn glücklich. Daher erlaubte er mir, den ganzen Tag in der großen Bibliothek lesen zu dürfen. Sonst gab es ja auch nicht viel zu tun für mich. Manchmal spielte ich aber auch mit den anderen Kindern im Hof Fangen oder Verstecken. Einmal glaubte ich, auf dem Dachboden ein besonders gutes Versteck gefunden zu haben. Eine alte Dame war schon vor mir da gewesen. Sie hing leblos an einem Balken. Ich werde dieses Bild nie mehr vergessen. Ich war 10 Jahre alt und hatte die erste Leiche gesehen.

Die Zeit des Spielens war schnell vorbei. Nach ein paar Monaten musste das Haus über Nacht geräumt werden. Es war später Nachmittag. Ich war mit Gerda allein im Zimmer. Plötzlich kam die SS. Es war alles voll mit Uniformen. „Alle raus, schnell, schnell", schrien sie. Sämtliche Jugendlichen sollten den Alten beim Einpacken helfen – dazu waren die jüdischen Jugendlichen extra ins Heim beordert worden. Da bin ich auf den Flur gelaufen und habe gerufen: „Ich will auch helfen." Sofort kam ein SS-Mann, packte mich am Arm und schimpfte: „Du nicht, geh rein in dein Zimmer!" Jedenfalls war ich sauer. Ich wollte helfen, wollte dazugehören, und wieder schlossen sie mich aus.

Die alten Leute kamen in Baracken nach Bothfeld. Wir und noch zwei andere Schwerkriegsbeschädigten-Familien kamen in das Mischehe-Haus in der Herschelstraße. Das Haus war voll bis oben hin. Kein Platz für uns. Überall Menschen. Es war unvorstellbar. Wir durften nach 8 Uhr abends nicht mehr auf die Straße und wussten nicht, wohin wir konnten. In diesem Haus gab es nicht einmal ein Bett für uns. Papa konnte nicht mehr stehen und mir taten schon die Füße weh. Aber dann überließ ein alter Mann uns Kindern sein Bett, meine Mutter verbrachte die Nacht in einem Sessel und meinem Vater gab jemand in einer anderen Wohnung eine Holzliege. Mit seinem Holzbein konnte er nicht richtig darauf liegen. Auch meine Freundin Ruth hatten sie mit ihren Eltern hierher gebracht. Ihre Mutter war keine Jüdin. Am nächsten Tag gab man uns eine Dachkammer. Das Dach war offen, es schneite und regnete hinein und gefror gleich zu Eis. Dieser eiskalte Winter 1941 war das Schlimmste, was ich bisher erlebt hatte. Unsere Beine, Füße und Nasen waren ganz blau gefroren. Meine Mutter konnte etwas aus der Apotheke organisieren, aber es stank ganz fürchterlich nach Pferdemist. Wer weiß, was sie ihr wirklich verkauft hatten. Tagsüber hielten wir uns im Treppenhaus auf oder versuchten, in eine andere Wohnung zu kommen. Wir konnten es in unserem Zimmer nicht aushalten. Mama hatte zum Glück an einen kleinen Esbitkocher gedacht. Damit konnten wir uns wenigstens etwas warmes Wasser machen. Aber das erleichterte die Situation nicht wirklich. Mir war einfach so schrecklich kalt und ich hatte Hunger. Einmal sah ich Ernstchen Rosenstern im Haus. Er wohnte mit seinen Eltern in einem anderen Zimmer. Wir erinnerten uns daran, dass wir im Turnunterricht miteinander gespielt hatten. Er war mein Freund und ich war schrecklich stolz darauf. Damals fand der Turnunterricht in der alten Synagoge in der Bäckerstraße statt, die nicht mehr als Betraum genutzt wurde. Sicher auch, weil wir jüdischen Kinder nicht mehr auf eine öffentliche Schule gehen durften und die Jüdische Gemeinde nicht so schnell einen Turnraum organisieren konnte. Die Mädchen zogen sich oben auf der Galerie um und die Jungen unten. Wenn ein Mädchen zeigen wollte, dass ein Junge sein Freund war, hat es sich beeilt mit dem Umziehen, ist hinuntergelaufen und hat ihm seinen Turnbeutel gepackt. Ich habe mich jedes Mal besonders beeilt, denn ich wollte nicht, dass eines der anderen Mädchen zu meinem Ernstchen lief. Und nun war er auch in diesem Haus mit uns. Zusammen mit meiner Freundin Ruthchen trafen wir uns im Treppenhaus. Doch ich konnte mich nicht mehr freuen. Dazu war es viel zu kalt. Es gab keine Heizung, keine Kleidung, kein Essen, keine ausreichenden Toiletten, nicht einmal warmes Wasser zum Waschen. Mama hatte versucht, etwas zum Essen zu organisieren, aber das reichte kaum. Was konnte es Schlimmeres als diese Dachkammer geben? Wenn ich nur hätte lesen können. Aber daran war nicht mehr zu denken.

Die Züge in die Hölle der Deutschen

Am 15. Dezember 1941 ging der erste Transport von Hannover nach Riga. Fast alle „normalen" Juden Hannovers waren in diesem Transport und die Waisenkinder aus dem Heim in Hannover-Ahlem. Aber wer oder was war damals wirklich noch normal? Plötzlich wurden wir Juden unterschieden. Es gab Juden, die im Krieg gekämpft hatten. Es gab welche, die mit Nichtjuden verheiratet waren, oder solche, die nur einen jüdischen Vater, aber eine christliche Mutter hatten. Normal war schon lange nichts mehr. Sie kamen und schlugen die Leute zusammen. Dann nahmen sie sie mit. Auch Ernstchen wurde mit seinen Eltern abgeholt. Ich habe nie wieder etwas von ihm gehört. Papas Brüder waren „normal" – glaube ich jedenfalls. Sonst hätte man Onkel Bernhard mit Tante Else und meinem Cousin Klaus nicht abgeholt. Und auch nicht Onkel Albert mit Tante Rosa, Egon, Mädi und Dieter. Sie haben sie mitgenommen, in die Züge getrieben und ermordet. Alle sind tot. Was ist daran noch normal? Von den etwa 1500 Menschen, die nach Riga kamen, haben nur ganz wenige überlebt. Erst kürzlich hörte ich, dass die Sekretärin des damaligen Oberbürgermeisters von Hannover erzählte, dass er als SS-Obersturmbannführer das Konzentrationslager Riga für die lettischen Juden eingerichtet hat. Als die Juden aus Hannover ankamen, wurden die lettischen jüdischen Frauen in ein Wäldchen geführt und alle erschossen. In das Frauenlager kamen die Juden aus Hannover. Kürzlich las ich, dass Riga so eine schöne Stadt sei mit schönen Wäldern und Parks. Aber unter diesen Wäldern und Parkanlagen liegen bergeweise Leichen.

Ich hörte von Überlebenden, dass mein Cousin Klaus mit anderen Kindern gleich nach Auschwitz-Birkenau zum Vergasen gekommen ist. Meine lustige Tante Rosa und ihre wunderschöne Tochter Mädi haben sie in das SS-Bordell gesteckt. Das haben mir Menschen erzählt, die überlebt haben. Rosa und Mädi, Onkel Albert und die beiden Söhne Egon und Dieter waren nicht darunter. Sie sind alle tot.

Papa war wohl kein „normaler" Jude. Zumindest im Nazi-Jargon. Denn Papa hatte ja für die Deutschen gekämpft und hatte sogar sein Bein für das deutsche Vaterland gelassen. War es besser, noch nicht abgeholt zu werden? Das Haus war zwar jetzt viel leerer, aber auch einsamer. Meine Freunde waren weg und ich wusste nicht, wie es ihnen erging. Waren sie überhaupt noch am Leben? Aber auch wir durften nicht bleiben. Jetzt kamen wir und die anderen Juden in das letzte Judenhaus in Hannover – das jüdische Krankenhaus und Altersheim in der Ellernstraße. Mein Vater arbeitete dort wieder in der Verwaltung und meine Mutter als Krankenschwester. Sie pflegte, kochte, putzte und wusch die Wäsche. Es gab schon längst keine Hilfskräfte mehr. Irgendwie schlenderte ich durch dieses Gebäude und entdeckte dabei das Paradies: eine riesengroße Bibliothek im Keller des vorderen Gebäudes. Ein alter Mann kümmerte sich um die Bücher, die keiner mehr haben wollte. Ich hätte sie am liebsten sofort alle genommen und verschlungen, doch selbst in diesen unwahren Zeiten musste wohl alles seine Ordnung haben. Denn ich durfte erst lesen, nachdem er von meinem Vater die Einwilligung bekommen hatte. „Meine Tochter darf jedes Buch haben, das sie lesen möchte", verkündete er. Jeden Tag holte ich mir fünf bis sechs Bücher und las den ganzen Tag. Es gab nichts Schöneres. Es gab auch sonst nichts, was ich hätte tun können. Das Gelände konnten wir nicht verlassen. Wie auch, die aufgehetzten Deutschen hätten einen Menschen mit Judenstern sofort überwältigt. Bald wurde es wärmer. Im Hof gab es einen Baum, den ich schon lange angeschaut hatte. Wir waren dort von Dezember 1941 bis zu unserem Abtransport im Juli 1942, aber das Gelände habe ich in der ganzen Zeit nicht verlassen. Ich glaube, auch sonst niemand. Sieben Monate war ich eingesperrt hinter den hohen Mauern, die den Garten umgaben. Natürlich hätte ich das Gelände verlassen können. Aber mit dem Judenstern hätte ich das nicht unbeschadet überstanden. Selbst Mama hat sich nicht mehr auf die Straße getraut, um Essen zu besorgen. Als es wärmer wurde, setzte ich mich draußen mit meinen Büchern in den Baum, der eine niedrige Krone hatte, aber auch da flogen mir von draußen von der Straße Steine an den Kopf. Im März 1942 kamen die Juden aus dem Landkreis Hannover nach Warschau. Von ihnen lebt niemand mehr.

Die Bücher konnten mich ab und an nur kurzzeitig der grausamen Realität entziehen, wirklich verändern konnten sie aber nichts. Sonst hätten meine Helden verhindert, dass wir abgeholt wurden.

Aber dann ging auf einmal alles ganz schnell. Mama hatte noch in aller Eile einen Koffer mit unseren paar Habseligkeiten gepackt, eine Tasche mit Kleidern voll gestopft. Die SS erlaubte noch einen Blechnapf mit Blechlöffel, eine zusammengeschnürte Decke, einen Koffer und eine Tasche oder Rucksack. Mehr nicht. Blechnapf und Blechlöffel musste jeder extra kaufen. Auch ich hatte einen schweren Rucksack zu tragen. Der Blechnapf war unten angehängt und klapperte ständig an meinen Beinen. Ich war so klein, die Riemen des Rucksacks schnürten in die Schulter. Im Hof warteten schon die „Grünen Minnas" der Polizei. Wir Kinder wurden mit unseren Eltern in Gefangenen-Transportwagen gepfercht. Am 24. Juli 1942 kamen wir nach Hannover-Ahlem. Ich erinnere mich an die alte Gartenbauschule am Rande der Stadt, die einst gegründet wurde, damit jüdische Jugendliche ein Handwerk erlernen sollten.

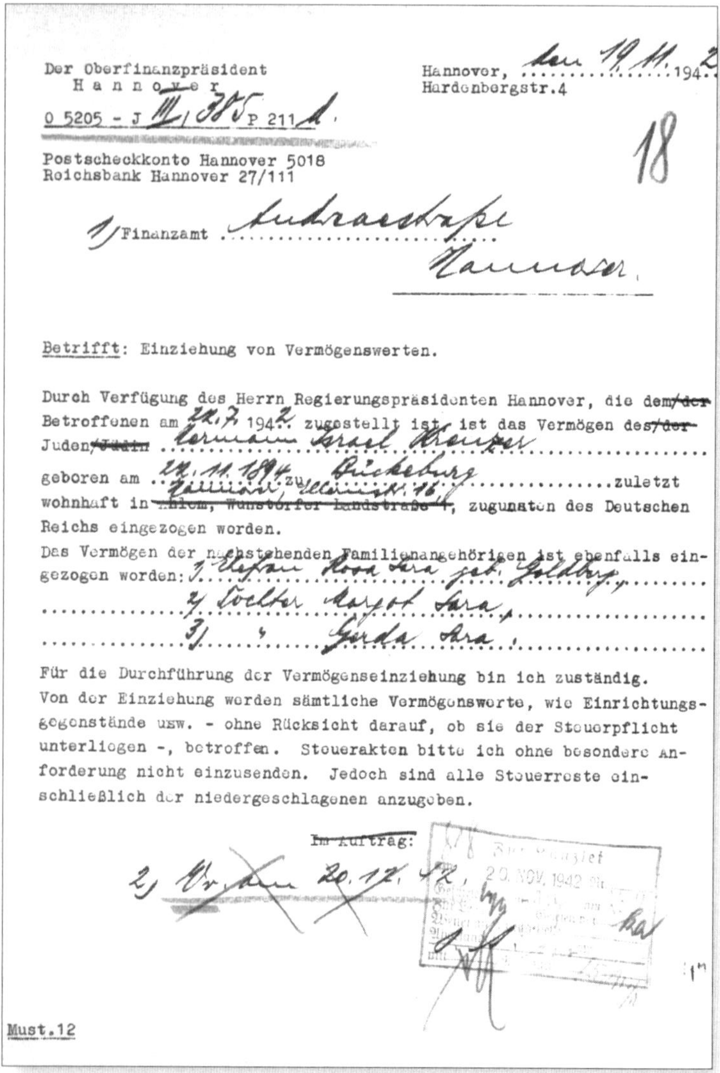

Der Oberfinanzpräsident
Hannover

Hannover, den 19.11.1942
Hardenbergstr. 4

0 5205 - J III/385 P 211 a.

Postscheckkonto Hannover 5018
Reichsbank Hannover 27/111

18

1) Finanzamt Andreaestraße
Hannover.

Betrifft: Einziehung von Vermögenswerten.

Durch Verfügung des Herrn Regierungspräsidenten Hannover, die dem/~~der~~ Betroffenen am 22.7.1942 zugestellt ist, ist das Vermögen des/~~der~~ Juden/~~Jüdin~~ Hermann Israel Kreuzer geboren am 24.11.1894 zu Bückeburg zuletzt wohnhaft in Hannover, Ullrichstr. 16, ~~Ahlem, Wunstorfer Landstraße 1~~, zugunsten des Deutschen Reichs eingezogen worden.

Das Vermögen der nachstehenden Familienangehörigen ist ebenfalls eingezogen worden: 1) Ehefrau Rosa Sara geb. Goldberg,
2) Tochter Margot Sara,
3) " Gerda Sara.

Für die Durchführung der Vermögenseinziehung bin ich zuständig. Von der Einziehung werden sämtliche Vermögenswerte, wie Einrichtungsgegenstände usw. - ohne Rücksicht darauf, ob sie der Steuerpflicht unterliegen -, betroffen. Steuerakten bitte ich ohne besondere Anforderung nicht einzusenden. Jedoch sind alle Steuerreste einschließlich der niedergeschlagenen anzugeben.

~~Im Auftrag:~~

2) Vr. den 20.12.42

20. NOV. 1942

Must. 12

Alles für das Deutsche Reich.

Die Gebäude in Ahlem waren einmal von einem jüdischen Bankier gestiftet worden. Er gründete dort eine Schule mit Internat und anschließender handwerklicher oder bäuerlicher Berufsausbildung für jüdische Waisenkinder. Man sollte zu Juden nicht mehr sagen, dass sie keine Handwerker oder Bauern seien – so war seine Idee. Auch wir Kinder hatten dort ab und zu Unterricht, nachdem unsere Schule geschlossen wurde. Damals fuhr ich mit der Straßenbahn dorthin. Wir mussten draußen auf dem zugigen Perron stehen, weil wir das Straßenbahnabteil nicht mehr betreten durften. Doch jetzt waren wir in der „Grünen Minna". Papa fiel das schwer, weil sein Bein ständig schmerzte. Aber nun wurden die Waisenkinder und ihre Betreuer in jeden Transport mit hineingesteckt. Statt des Waisenheimes errichtete die Gestapo in Ahlem eine Niederlassung, die als Zwischenlager dienen sollte. Endlich kamen wir an. Wir wurden aus der „Grünen Minna" ausgeladen und mussten in einen großen Raum, der als „Schleuse" diente. Überall waren SS-Leute. Dort standen kleine Tische, an denen ein SS-Mann saß. Wir Juden standen in einer Schlange davor und warteten, bis wir an der Reihe waren. Alle mussten sie ihr letztes Geld abgeben. Ich beobachtete, wie mein Vater aus der Geldbörse, aus der er sonst für uns Kinder Eis oder Limonade bezahlt hatte, auch den letzten Pfennig hergab. Er leerte sein Portemonnaie aus und die Münzen rollten über den Tisch. Überall klimperte es. Jetzt hatten wir gar nichts mehr. Keine Uhr, kein Geld, nichts. Der SS-Mann fragte uns nach Schmuck, den man vielleicht verbotenerweise noch hatte. Er verwies darauf, dass jeder nach der Schleuse in eine Röntgenkammer komme und gleich erschossen werde, wenn man etwas fände. Da trennten die alten Frauen tatsächlich ihre Korsetts auf und holten Ringe hervor, von denen sie sich nicht hatten trennen wollen. Meine kleine Schwester Gerda rief: „Ja, hier ist noch etwas, was Sie haben müssen!" Sie zeigte auf ihre lila Glasperlenkette, die sie trug. In dem Augenblick schaute ich zufällig in das Gesicht des SS-Mannes. Es war, als hätte er sich geschämt. Vielleicht hatte er ja auch so eine kleine Tochter mit einer Glasperlenkette zu Hause. Auf jeden Fall bedeutete er meiner Schwester, dass sie die Kette behalten könne. Sie nahmen uns jetzt noch die Koffer ab. Mama hatte alles ganz umsonst gepackt und geschleppt. Jetzt hatten wir nur noch den Rucksack, die Tasche, die Deckenrolle und den Blechnapf. Wir waren die letzten Juden, die noch übrig geblieben waren. Da waren alte Leute, Kranke, Schwestern und Schwerkriegsbeschädigte. Ein paar wenige Waisenkinder und Ärzte waren auch noch dabei. Die Waisenkinder standen in der Mitte des Raumes und weinten. Sie fühlten sich so hilflos und verlassen. Dann kamen wir wieder in die „Grünen Minnas", die uns direkt bis zum Bahnsteig fuhren. Am Bahnhof Fischerhof wurden wir ausgeladen. Es war der 24. Juli 1942. Es regnete in Strömen. SS-Leute verteil-

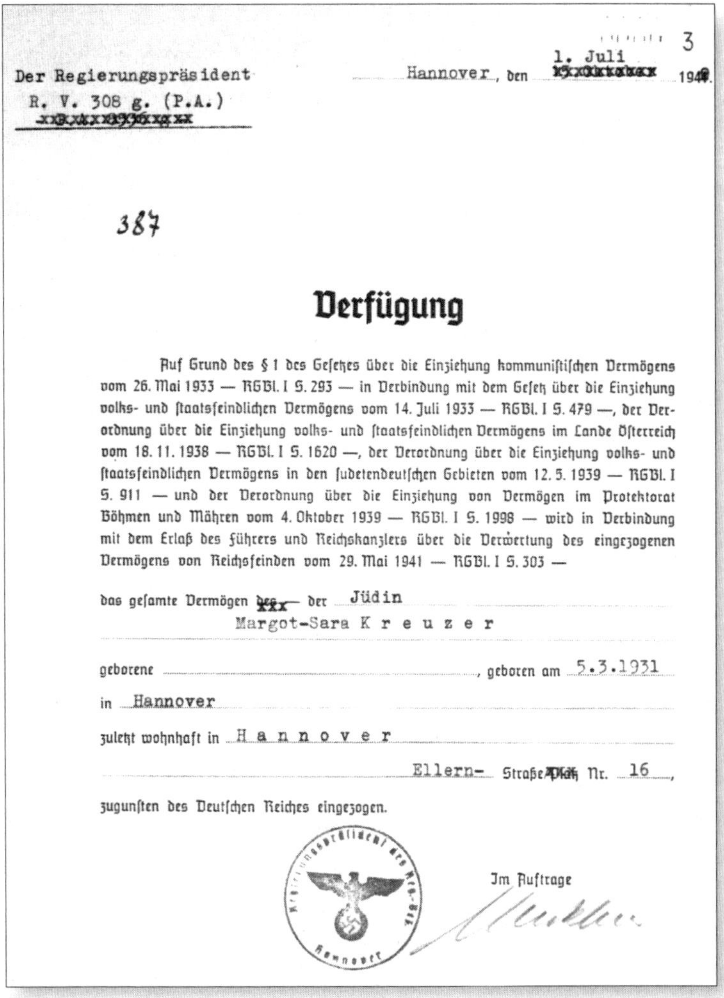

3

Der Regierungspräsident
R. V. 308 g. (P.A.)

Hannover, den 1. Juli 1942.

387

Verfügung

Auf Grund des § 1 des Gesetzes über die Einziehung kommunistischen Vermögens vom 26. Mai 1933 — RGBl. I S. 293 — in Verbindung mit dem Gesetz über die Einziehung volks- und staatsfeindlichen Vermögens vom 14. Juli 1933 — RGBl. I S. 479 —, der Verordnung über die Einziehung volks- und staatsfeindlichen Vermögens im Lande Österreich vom 18. 11. 1938 — RGBl. I S. 1620 —, der Verordnung über die Einziehung volks- und staatsfeindlichen Vermögens in den sudetendeutschen Gebieten vom 12. 5. 1939 — RGBl. I S. 911 — und der Verordnung über die Einziehung von Vermögen im Protektorat Böhmen und Mähren vom 4. Oktober 1939 — RGBl. I S. 1998 — wird in Verbindung mit dem Erlaß des Führers und Reichskanzlers über die Verwertung des eingezogenen Vermögens von Reichsfeinden vom 29. Mai 1941 — RGBl. I S. 303 —

das gesamte Vermögen ~~des~~ der Jüdin
Margot-Sara K r e u z e r

geborene ...., geboren am 5.3.1931

in Hannover

zuletzt wohnhaft in H a n n o v e r

Ellern- Straße ~~Platz~~ Nr. 16,

zugunsten des Deutschen Reiches eingezogen.

Im Auftrage

Selbst das „Vermögen" der Kinder wurde als kommunistisch deklariert.

ten Zettel, auf denen stand, dass unser gesamtes Vermögen als „kommunistisch“ dem Staat verfallen sei. Mein Vater musste lachen. Welches Vermögen? Wir hatten ja gar nichts mehr, man hatte uns schon alles weggenommen und Kommunist war mein Vater auch nie gewesen. Der Zug wartete schon auf uns. Er bestand aus uralten Wagen der „Holzklasse“ und schäbig-schmutzigen Viehwaggons. Wir kamen in einen Holzklassewagen. Die Türen wurden von außen verschlossen. Der Zug fuhr los.

Wir hatten Glück. Sie hatten uns in eines jener abgeschlossenen Abteile in der Holzklasse, wie die 3. Wagenklasse genannt wurde, gesteckt. Vier Personen fanden darin Platz und so konnten wir alle zusammenbleiben. Es war reiner Zufall, dass wir nicht in diesen unmenschlichen Viehwaggons landeten. Sie hatten uns einfach in den Zug reingeschoben und die Tür von außen verriegelt. Auf diese Weise ließ man uns wenigstens im Zug in Ruhe. Schlimmer traf es die Alten und liegenden Kranken. Sie wurden in die Viehwaggons gebracht. Man hatte an unseren Zug noch einen Zug mit Juden aus Bremen angehängt. Jetzt war der Zug so lang, dass ich das Ende des Zuges sehen konnte, wenn er die Berge umrundete. Lange schaute ich so aus dem Fenster. Eigentlich war ich froh, dieses Hannover endlich verlassen zu können. In dieser Stadt konnte ich nicht mehr leben. Lieber wäre ich gestorben. Wer Jude war, hatte in Hannover nichts mehr verloren. Nun sollte es nach Theresienstadt gehen. Wohin? Ich konnte mit dem Namen nichts anfangen. Dann stoppte der Zug. Auf dem Bahnsteig konnte ich das Schild lesen: „Dresden". Soldatenurlauberzüge waren unterwegs, Heimkehrer standen auf den Gleisen, auf den Bahnsteigen wurden belegte Brote und Kuchen verteilt, warme und kalte Getränke.

Rotkreuzschwestern bewirteten die Soldaten. Sie schienen sich prächtig zu unterhalten. Ich sah, wie unser jüdischer „Transportleiter" – er hatte für die Gestapo als Spitzel gearbeitet und geglaubt, dadurch sein Leben retten zu können – seinen Waggon verließ. Seine Tür war als einzige nicht verschlossen. Er lief zu einer Rotkreuzschwester, um für Operierte und Alte um Wasser zu bitten. Es war direkt vor unserem Fenster. Ich konnte die Szene genau beobachten und sogar alles mithören. Aber die Rotkreuzschwester schaute ihn nur komisch an. Sie rief einen SS-Mann, der den „Transportleiter" zu seinem Waggon zurücktrieb – ohne Wasser. Dann wurde auch sein Waggon von außen verschlossen. In Dresden warteten wir die ganze Nacht, weil die Truppentransporte Vorrang hatten. Mama deckte uns mit den mitgebrachten Decken zu, aber schlafen konnte ich nicht. Was sollte jetzt mit uns passieren? Am frühen Morgen ging die Fahrt weiter, bis wir endlich in Bauschowitz ankamen. Es war der 25. Juli 1942, vielleicht zur Mittagszeit. So heiß konnte es nur am Mittag gewesen sein. Tschechische Gendarmen oder Sudetendeutsche, die mit den Deutschen zusammenarbeiteten, rissen die Türen auf und trieben uns hinaus. Alle mussten raus. Diese „Tschechniks", wie wir die Studetendeutschen nannten, standen den Nazis in nichts nach. Erbarmungslos überwachten sie die korrekte Abfertigung des Transports. Der Bahnhof Bohušovice, wie er eigentlich auf Tsche-

ÚSTŘEDNÍ KARTOTÉKA — TRANSPORTY

Osoby došlé do Terezína z různých území, přežily v Terezíně podle publikace MSP, repatr. odbor: „Terezín-ghetto"

Kreuzer Margot

rodné datum: 5. 3. 1931

původní transp. číslo 384 – VIII/1 Hannover

folio v knize „Terezín" 241

Karteikarte in Theresienstadt.

chisch hieß, war wohl der nächstgelegene Bahnhof zum Lager. Was jetzt kam, war unmenschlich. Mit unseren schweren Rucksäcken und Taschen wurden wir über die unebenen Straßen getrieben. Für nicht Gehfähige standen Lastkraftwagen bereit, aber die alten Leute hatten Angst, damit zu fahren; sie alle hatten von den Vergasungen auf Lastautos in Polen gehört. Dort waren die Menschen in den Wagen vergast worden. Doch Papa hielt das nicht ab. Nach der strapaziösen Fahrt konnte er mit seinem Holzbein keinen Meter mehr laufen und ließ sich in einen der Lastwagen heben. Ich hatte große Angst, dass wir ihn nie wiedersehen würden. Aber viele Alte und Kranke wollten lieber laufen. So versuchten sie, den weiten Weg bei glühender Hitze auf der Landstraße zu gehen. Viele von ihnen sanken aber bald zu Boden oder fielen entkräftet rechts und links in die Straßengräben. Es war ein langer, ein anstrengender Marsch. Es waren vielleicht nur 3 Kilometer, aber die Strecke erschien mir unendlich lang. Immer wieder mussten wir warten, bis den zusammengebrochenen Menschen wieder aufgeholfen wurde und es weiterging. Das Stehen war fast schlimmer als das Gehen. Mein Rucksack war so lang und scheuerte mir am Rücken. Der Blechnapf, der unten angebunden war, schlug mir beim Gehen immer an die Beine. Es war eine fürchterliche Quälerei. Ringsherum weinten die Waisenkinder die ganze Zeit. Sie fühlten sich so verlassen. Mama hatte meine Schwester Gerda an die Hand genommen. Ich musste alleine auf mich aufpassen. Vor mir ging eine junge, hübsche Krankenschwester mit einem schweren Medikamentenkoffer. Ich sah ihr an, dass sie die große Tasche kaum noch tragen konnte. Da sagte einer dieser Wachleute zu ihr: „Schmeißen Sie den Koffer weg." Die Krankenschwester wurde richtig wütend und rief ihm zu: „Was denken Sie? Das sind die Medikamente für unsere Kranken." Sie warf den Koffer nicht weg.

Endlich – endlich kamen wir an. Wir durchschritten das eiserne Tor mit der Aufschrift „Arbeit macht frei". Mir schossen jetzt tausende Gedanken durch den Kopf. War dies ein Gefängnis? Würde ich hier jemals wieder rauskommen? Als Erstes wurden wir wieder zu einer „Schleuse" geführt. Wir mussten uns in eine Reihe stellen und die Taschen und Rucksäcke wurden uns abgenommen. All die Plackerei war umsonst gewesen. Und jetzt schütteten sie auch noch die Taschen vor unseren Augen aus. Fast wie in Zeitlupe sah ich die letzten Andenken an mein altes Leben auf den Tisch fallen. Mein Poesiealbum, meine geliebte Saffian-Handtasche, die mir Papa zum Geburtstag geschenkt hatte, mein kleines Fotoalbum mit den Bildern meiner Schulfreunde, meiner Freundinnen und Verwandten. Ich hatte mir das Album einmal selbst gemacht. Und wie gerne hätte ich wenigstens meine kleine Handtasche behalten. Sie war aus so feinem Leder. Mama hatte mir noch eine kleines Fläschchen Parfum und ein Taschentuch dazu geschenkt. Wie gerne hätte ich gerufen „Halt, die gehört mir!". Doch die Angst war zu groß. War es da ein Trost, dass auch der Krankenschwester der schwere Medikamentenkoffer abgenommen wurde? Wenigstens jetzt waren wir alle gleich. Doch jetzt kam die Heldenleistung meiner Mutter: Mein Vater war schon durch die Schleuse hindurchgegangen und wartete auf uns. Wir standen vor dem hohen Podest, hinter dem die SS-Leute saßen. Mama entschloss sich, ihre mit Lebensmitteln gefüllte Tasche nicht einfach herzugeben. Sie hatte beobachtet, wie alles ausgeschüttet und verteilt wurde. Sie stellte die Tasche auf die Erde und gab ihr einen festen Tritt. Die Tasche segelte zu meinem Vater an den Ausgang, der sie schnell zu sich nahm und an die Seite stellte. Nun hatten wir wenigstens Brot und ein paar Konservendosen. Doch sonst hatten wir nichts. Außer einer Wolldecke, dem Blechnapf und einem Blechlöffel hatten sie uns alles genommen. Dann wurden wir zu unserer „Ubikation", wie die Militärunterkünfte im altmodischen Deutsch der Österreicher hießen, geführt. Theresienstadt (Terezin) war eine alte Festung aus der Zeit Maria Theresias, die rund 60 Kilometer von Prag entfernt lag. Sie bestand hauptsächlich aus Kasernen, die auch teilweise in die äußeren Wälle eingebaut waren. Es gab Kasernen für Männer und Frauen, Häuser für Jugendliche und eine Unterkunft für Kleinkinder. Die Waisenkinder kamen in eines der Häuser für Jugendliche. Meine Schwester und ich blieben bei unseren Eltern. Zwischen den Kasernengebäuden standen auch ein paar alte Häuser, die wohl einmal als Bäckereien und Gaststätten gedient hatten, nun aber, seit langem verschlossen und vergessen, ein verwahrlostes Dasein fristeten. Jetzt schloss man diese „Blöcke“ auf. Sie waren uralt und vollkommen verstaubt und verschmutzt. Diese Häuser verdienten ihren Namen nicht mehr. Sie waren mehr als baufällig. Wenn man die Treppe betrat, entstand gleich ein Loch in der modrigen Holzstufe. In ein solches Haus führten sie uns hinein. Die Männer mussten nach unten, die Frauen nach oben. Die Einzigen, die sich hier wohlfühlen konnten, waren die Unmengen von Flöhen, Läusen, Wanzen, die es hier gab. Dann wurde der Block abgeschlossen. Jetzt waren wir wirklich gefangen. Es gab keine Stühle, keine Betten, nicht einmal Matratzen, auf die wir uns hätten legen können.

Die alten Frauen zogen ihre Kleider und ihre Unterröcke aus, um sie vor dem Dreck zu schützen. Doch bald zogen sie sich die Kleider wieder an und legten sich auf ihre Unterröcke in den Staub. Auch ich behielt meine Sachen an. Ausgestattet mit einem rotkarierten Schottenkleid mit weißem Kragen, Strümpfen, Stiefeln und einem grünen Lodenmantel hatte ich bisher noch wie ein nettes Mädchen ausgesehen. Darauf hatte meine Mutter immer geachtet. Doch nun musste auch ich mich in den Schmutz legen. Schließlich konnte ich nicht im Stehen schlafen.

Gleich in der ersten Nacht verloren zwei Frauen den Verstand. Sie schrien unbeschreiblich, wälzten sich auf dem Boden, riefen um ihr Leben und nach ihrer Familie. Niemand von uns konnte ihnen helfen, sie ließen sich nicht beruhigen. Ihr Zustand war schlecht und besorgniserregend, aber Mitleid konnte niemand mehr empfinden. Dann fasste einer der Älteren einen Entschluss. Man brachte sie in einen kleinen Raum auf halber Treppe, der abschließbar war.

Aber war unsere Situation besser? Die SS hatte uns vergessen. Drei Tage waren wir ohne Essen und Wasser. Noch nicht einmal Toiletten waren in dem alten Gemäuer zu finden. Wir haben unsere Notdurft einfach irgendwo verrichtet. Drei Tage mussten wir so ausharren. Sie hatten uns einfach unserem Schicksal überlassen. Niemand kam in den Block und sah nach uns. Und wir konnten nicht heraus. Es war alles verschlossen. Zum Glück hatte Mama wenigstens ihre Tasche mit den Lebensmitteln ins Lager schmuggeln können. So hatten wir für diese drei Tage etwas zu essen, aber die anderen nicht. Natürlich hätte sie den anderen etwas abgegeben, aber es reichte ja kaum für uns vier.

Endlich wurde die Tür aufgeschlossen. Zwei Männer kamen herein und boten einen Stuhl zum Sitzen an. Natürlich nicht umsonst. Nichts war hier umsonst. Der Stuhl bestand aus drei Brettern, die mit lediglich zwei Nägeln zusammengehalten wurden. Wer so einen Stuhl wollte, sollte dafür Brot geben. Und da hat Papa einen ganzen Laib Brot gegen einen Stuhl eingetauscht. Ein Stück hätte sicher genügt, aber noch kannten wir die Verhältnisse in Theresienstadt nicht. Wir waren ja neu und mein Vater brauchte dringend etwas, worauf er sitzen konnte. In unserem Block gab es ja nichts und Papa konnte mit seinem Holzbein nicht mehr länger auf dem harten Boden sitzen.

Jemand brachte uns in die Dresdner Kaserne gegenüber zum Essenfassen. Die Straßen in Theresienstadt waren alle in Q und L benannt mit einer jeweiligen Nummer. Unsere Ubikation, in der ich mit Gerda und meinen Eltern untergebracht war, hatte die Nummer Q 808 (Osm set Osm, gesprochen Que Ossem Zet Ossem). Sie lag im 4. Bezirk Block B5. Zum Essen mussten wir immer hintereinander zum anderen Block marschieren. Morgens gab es Kaffee aus Eicheln, der sehr bitter schmeckte. Mittags wurden wir im ganzen Trupp wieder rübergeführt, weil man ohne Ausweise nicht allein auf die Straße durfte. Wir hatten keine solchen Ausweise bekommen. Dann gab es als Mittagessen Suppe aus Wasser mit Kümmel oder bestenfalls mit Kartoffelschalen. Wer Glück hatte, bekam manchmal auch zwei kleine Kartoffeln mit einer undefinierbaren Soße. Abends gab es wieder diesen widerlichen Eichelkaffee. Alle drei Tage wurde Brot auf einem Handwagen gebracht, das peinlichst genau abgewogen war. Für drei Tage mussten 100 Gramm Brot

– hauptsächlich aus Kastanienmehl – reichen. Es war nass, bitter und schimmelte schnell. Dazu teilten sie uns 20 Gramm Margarine und 30 Gramm Zucker zu. Wir hatten immer Hunger, furchtbaren Hunger, besonders die Männer. Zuerst hat mein Vater sich das Brot für uns alle vier in einem Stück geben lassen. Aber dann hat er so viel davon gegessen, dass für uns Kinder kaum noch etwas übrig blieb. Das konnte meine Mutter nicht länger mit ansehen. Sie sorgte bald dafür, dass auch wir Kinder unsere eigene Zuteilung bekamen. Aber die reichte natürlich nicht. Ich magerte sehr ab. Den alten Leuten erging es nicht besser. Viele von ihnen erkrankten an Enteritis, einem schlimmen infektiösen Durchfall. Ihre Körpersäfte traten so stark aus, dass sie haufenweise starben – im wahrsten Sinne des Wortes. Ihre Leichen wurden in den verschlossenen Hauseingängen gestapelt. Erst lagen die Kranken auf dem Boden, später auf Strohsäcken, die von dem Durchfall so fürchterlich stanken, dass sie schließlich verbrannt wurden. Der ganze Block stank nur noch nach den Fäkalien und Toten. Es war wie ein widerlicher Albtraum. Nur wer einen Passierschein hatte, konnte den Block verlassen, aus dem es nur einen Ausgang gab. Alle anderen waren verschlossen. Doch einen Passierschein bekam man nur, wenn man arbeitete. Die meisten Leute kamen aus dem Block nie mehr heraus, nur als Leichen. Sie wurden auf denselben handgezogenen Holzwagen transportiert, auf denen auch die Lebensmittel geliefert wurden. Und auch die nicht mehr gehfähigen Menschen brachte man zu den Transporten nach Auschwitz auf diesen Handwagen. Menschen – waren wir das eigentlich noch? Aber niemand dachte wirklich noch darüber nach, ob man ein Mensch oder ein Tier war.

Im Hof wurde nun eine Latrine errichtet. Das ist der Ort, an dem ich in aller Öffentlichkeit meine Notdurft verrichten musste. Nicht nur ich, alle mussten es tun. Drei Jahre lang saß ich auf dieser Latrine im offenen Hof, im Winter war die Holzsitzstange mit Eis überzogen. Die Latrinen wurden aber nur sehr selten geleert. Jetzt kamen die Ratten. Diese dicken fetten Ratten wurden förmlich angezogen vom stinkenden Unrat im Hof. Sie tummelten sich zusammen mit den Wanzen, Läusen und Flöhen. Gerda und ich zählten in einer Nacht 50 Wanzen, süßlich stinkende Wanzen. Aber wir haben uns vor nichts mehr geekelt. Wir haben sie totgetreten, aber es hatte keinen Sinn. Es waren einfach zu viele. Später legten sie noch in einem kleinen Nebenraum eine Kaltwasserleitung, damit man sich abspritzen konnte. Das war die ganze Hygiene.

Mein Vater hatte die Verwaltung des Blocks inne und meine Mutter arbeitete als Pflegerin. Theresienstadt war ein Durchgangslager, jeden Tag kamen Transporte an und jeden Tag gingen Transporte nach Auschwitz oder in andere Vernichtungslager. Jeden Tag starben viele Menschen. Die Hauptaufgabe meines Vaters war, jeden Abend Listen zu erstellen mit siebenfachem Durchschlag, in denen die jeweilige Anzahl der Insassen festgehalten war. Papa musste genauestens festhalten, wie viele im Transport weggekommen waren, wie viele neu angekommen und wie viele verstorben waren. Jeden Tag musste er befürchten, selbst auf der Liste zu stehen.

Es vergingen fast zwei Monate im Block. Im September 1942 suchte man für die Infektions-Versuchsabteilung Kinder, die noch einigermaßen gut aussahen. Jetzt nahmen sie auch mich mit. Mama konnte nichts dagegen unternehmen. Sie musste zusehen, wie sie mich abholten. Es ging sehr schnell. Sie brachten mich zusammen mit anderen Kindern in die Hohenelber-Kaserne E VI. Dort war die Infektions-Versuchsabteilung im ehemaligen Krankenhaus der Garnison. Im linken Flügel des Gebäudes war die Typhus-Versuchsstation. Man hat die Leute hier mit der Krankheit infiziert und die Symptome beobachtet. Kaum einer überstand diese Tortur. Auch ein Waisenjunge aus Hannover, Fredi Kratzer, war dort. Er starb wie alle anderen. Im Haupthaus war die Versuchsstation, in die ich kam. Erst lag ich im Achterzimmer, der Aufnahme. Ich musste mich auf eines dieser schmalen Metallbetten legen und dann fingen sie gleich mit den Spritzen an. Drei Mal täglich jagten sie mir diese langen Spritzen mit den Krankheitserregern zwischen die Schulterblätter direkt ins Rückenmark. Ich biss mir jedes Mal in den Finger, damit ich die Schmerzen ertragen konnte. Ich konnte es nicht. Die Knochen knirschten bei jeder Spritze. Ich war doch erst elf Jahre alt. Ich konnte die Schmerzen kaum aushalten. Rings um mich herum lagen überall kleine Kinder. Sie schrien furchtbar. Niemand hatte die Kraft, diese Folter durchzustehen. Wie mir die anderen Mädchen erklärten, war es ein ganzes Programm: Scharlach, Masern, Röteln, Diphtherie und anderes. Die letzte war die infektiöse Gelbsucht, die überlebte niemand. Ich weiß nicht, ob außer mir überhaupt jemand den Aufenthalt in dieser Station überlebt hat. Man sagte, es seien jüdische Ärzte, die für die Gestapo arbeiten und unter großem Druck die Versuche machen würden. Angeblich hatte man ihnen gedroht, sie würden in die Transporte kommen, wenn sie sich nicht kooperativ zeigten. Die Pflegerinnen waren jüdische Tschechinnen. Ich bekam nacheinander Scharlach, Masern, Röteln und noch eine Lungenentzündung mit sehr hohem Fieber. Dann verlor ich das Bewusstsein. Man brachte mich in das Sechserzimmer, es war das Sterbezimmer. Sie legten mir dieses kleine Mädchen ins Bett. Sie muss wohl 4 Jahre alt gewesen sein. Sie legten sie auf die andere Seite meines doch sowieso schon schmalen Feldbettes. Man hatte sie mit Diphtherie infiziert. Sie ist in meinem Bett gestorben. Sie hat nicht mehr geweint – es war so ein kleines Mädchen.

Immer wieder verlor ich das Bewusstsein, aber ich spürte, dass sie mir weiter diese furchtbaren Spritzen in den Rücken jagten. Als ich beim nächsten Mal aufwachte, merkte ich plötzlich, dass ich gelähmt war, eine Folge der Spritzen. Ich konnte mich einfach nicht mehr bewegen. Was hatten sie nur mit mir gemacht? Auch hatte man mir, während ich im Koma lag, die Haare abgeschnitten, meine schönen roten Haare. Ein anderes Mal wachte ich aus dem Koma auf und wollte „Sestro Nočník" rufen (Schwester, Nachttopf), aber ich hatte keine Stimme mehr. Ich wollte rufen so laut ich konnte, aber es kam nichts mehr raus. Meine Kehle war wie zugeschnürt. Ich hatte keine Stimme mehr, brachte nur noch ein Flüstern heraus. „Jetzt kann ich nicht mehr sprechen und nicht mehr laufen", dachte ich voller Schreck. Ich sah mich um und beobachtete die vielen Kinder um mich herum. Da lagen sie, halb sterbend, halb lebendig, in ihrem Elend den Versuchen ausgeliefert. Sogar vor den Babys hatten sie nicht zurückgeschreckt. Ich sah viele kleine Babys, die fürchterlich brüllten. Keines der anderen Kinder habe ich später je wieder gesehen. Kaum eines von ihnen hat überlebt. Wer bis zum Schluss durchgehalten hatte, wurde mit infektiöser Gelbsucht infiziert. Dagegen gab es kein Mittel und auch diese letzten Kinder starben. Trudi Rosenblatt, die Nichte des ehemaligen Direktors des jüdischen Waisenhauses in Ahlem, ist auch dort gestorben. In meiner Erinnerung sah sie aus wie ein pausbackiger Engel mit wunderschönen Locken. Ich wusste nie genau, was gerade in mich gespritzt wurde. Doch die Ärzte nannten mir genau die Krankheiten, die gerade bei mir ausgebrochen waren. Nach ein paar Wochen konnte ich wenigstens wieder Oberkörper und Arme bewegen, aber die Beine blieben noch ein halbes Jahr ohne Gefühl. Daher musste ich auch die ganze Zeit in dem Sechserzimmer bleiben. Über den gesamten Zeitraum durfte meine Mutter mich nicht besuchen. Immer wieder war sie gekommen, um sich nach mir zu erkundigen, aber sie wurde nicht zu mir gelassen. Aber ich wäre nicht ihre Margot gewesen, wenn ich nicht doch etwas für sie hätte organisieren können. Wenn wir Brot bekamen, sammelte ich es. Jedoch nicht zum Essen, sondern um es gegen Zigaretten zu tauschen. Ich gab den Mädchen mein Brot, weil ich sowieso nichts essen konnte, und bekam dafür Zigaretten für meinen Vater. Ich wusste doch, dass er sie so gerne rauchte. Wenn mich eine Pflegerin über den Besuch meiner Mutter informierte, ließ ich mich zur Tür führen und schob zwei bis drei Zigaretten durch das Schlüsselloch der verschlossenen Tür. Vielleicht war es auch besser gewesen, dass Mama mich nicht in diesem Zustand sah. Sie hätte sicher einen ordentlichen Schock bekommen, ihre kleine Tochter so zu erleben. Denn ich war bis auf die Knochen abgemagert und körperlich total geschwächt. Ich hatte ja die ganze Zeit über nichts gegessen. Für die Notdurft kamen die Schwestern und schoben mir einen Nachttopf unter. Dieses menschenunwürdige Pritschendasein dauerte bis Dezember 1942, wobei ich die meiste

Zeit davon im Koma lag und auch weiterhin keine Nahrung zu mir nahm. Endlich sagten sie, mit mir könne man nichts mehr machen, und brachten mich in das Achterzimmer. Vielmehr zogen sie mich, denn laufen konnte ich noch nicht. Von diesem Zimmer ging es in das Viererzimmer, dem sogenannten Entlassungszimmer. Schließlich benachrichtigte man meine Eltern. Auch ihnen sagte man, ich wäre für weitere Experimente nicht tauglich und sie könnten mich mitnehmen. Ich hatte keine Stimme mehr, war gelähmt und so entkräftet, dass ich mich nicht aufrecht halten konnte. Die anderen Mädchen beneideten mich und sagten: „Du hast es gut. Mit dir macht man nichts mehr. Wir sind noch einigermaßen gut drauf. Mit uns wird man weitermachen, bis wir tot sind." Ich habe sie wirklich nie wieder gesehen. Ich konnte es kaum glauben, endlich bei meinen Eltern zu sein. Aber ich war viel zu schwach, um mich zu freuen. Erst jetzt spürte ich, dass ich nach drei Monaten wieder richtig atmen konnte. Zusammen mit meiner Freundin Berti Edelmann brachten Mama und Papa mich in unsere Ubikation. Sie mussten selbst alle Kräfte aufwenden – sie mussten mich ziehen und schieben, denn ich konnte nicht gehen. Es dauerte sehr lange, bis wir endlich bei unserer Unterkunft ankamen. Ich war ein Wrack. Ich dachte an das kleine vierjährige Mädchen, das man mir auf die andere Seite meines schmalen Bettes gelegt hatte. Sie hatte die Diphtherie nicht überlebt und war in meinem Bett erstickt.

Als ich vor unserer Ubikation stand, hielt gerade ein Handwagen mit alten Leuten, die zur Hamburger Kaserne zum Transport gebracht werden sollten. Denn inzwischen hatte man die Schienen bis in die Hamburger Kaserne im Lager verlegt. Auf diesem Wagen saß Frau Benario, eine Zahnarztwitwe aus Bückeburg, die einst eine gute Freundin meiner Großmutter Jette gewesen war. Sie hatte immer ein Medaillon mit dem Foto eines geliebten Menschen am Hals getragen – so wie es damals viele Bückeburgerinnen trugen. Als sie mich sah, riss Frau Benario den Metallanhänger vom Samtband ab und rief: „Hier Margot, nimm das. Jemand soll an mich denken, wenn ich tot bin!“ Wie gerne hätte ich die alte Frau in den Arm genommen, wie gerne ihr gesagt, dass wir uns bald wiedersehen würden. Aber ich wusste, dass das gelogen gewesen wäre. Sie warf mir den Anhänger zu, doch er fiel auf den Boden. Ich wollte mich bücken, aber die Lähmung war immer noch zu stark. Ein Schwerkriegsbeschädigter, Max Lilienthal aus Bovenden bei Göttingen hob ihn auf und gab ihn mir. Ich habe ihn noch heute. Frau Benario, diese tapfere alte Frau, habe ich nie wieder gesehen. Zu dieser Zeit waren die meisten aus Hannover schon nach Auschwitz deportiert worden. Nur Papa und einige andere, die für ihr deutsches Vaterland im Ersten Weltkrieg tapfer gekämpft hatten, blieben von der weiteren Deportation verschont. Ein makabres Privileg, aber wer verstand schon die Regeln der Nazis?

Es dauerte lange Monate, bis die Lähmung zurückging. Sie war mit unendlichen Schmerzen verbunden, weil das Gift tief in meinen Knochen saß. Besonders nachts schrie ich vor Schmerzen und zitterte am ganzen Körper. Auch meine Stimme kam erst nach einigen Jahren zurück. Sie kam bruchstückweise und war auch 1945 noch nicht ganz wieder da. Seitdem meine Eltern mich geholt hatten, waren einige Monate vergangen. Ich lag auf den Strohbetten in unserem Block und versuchte, gesund zu werden. Nur Gesunde hatten eine Chance, die nächsten Transporte zu überstehen.

Im Frühjahr kam man und holte mich zur Arbeit. Ich war zwölf Jahre alt und musste arbeiten. Meine Kleider und Schuhe, die ich seit der Deportation aus Hannover ununterbrochen getragen hatte, waren mir zu klein geworden. Ich konnte es kaum glauben. Trotz Hunger und schwerer Krankheit war ich tatsächlich gewachsen. Das Schottenkleidchen, in dem ich nach Theresienstadt gekommen bin, war zu kurz; die Schuhe viel zu eng. Meine Mutter ging zur Kleiderkammer, in der man die Sachen bekam, die man haben durfte. Es waren die Kleidungsstücke der Toten, der letzte Dreck. Sie holte mir eine alte, ausgeleierte Hose, eine Schlosserhose aus Jeans, mit einer Tasche für einen Zollstock. Dazu eine hellblaue, verwaschene und verfärbte Bluse, mit kurzen Ärmeln und einen Lumberjack aus Papierstoff. Dies sollte meine Kleidung für die nächsten drei Jahre sein. Das größte Problem waren für mich die Schuhe. Ich versuchte, mir welche von den Gestorbenen zu nehmen, aber die waren auch alle zerfetzt. Immer, wenn ich gerade etwas entdeckt hatte, versuchte ich, an die Schuhe zu kommen. Ich träumte von einem schönen Kostüm und festen Schuhen. In meinen Träumen malte ich mir die wunderschönsten Stoffe und Farben aus. Ich entwarf in meinem Kopf ganze Schuhkollektionen. Das war meine tägliche Kleidung für drei Jahre, aber auch zurück in Hannover lief ich noch viele Monate so herum. Was war ich doch für ein feines kleines Mädchen gewesen, gut angezogen, gut ernährt, gut erzogen. Meine Mutter hatte immer so sehr darauf geachtet, dass ich schöne, saubere Kleider trug. Und wie sah ich jetzt aus? Ein verhungerter Muselmann[2] mit Glatze und in Lumpen gehüllt. Ich lief in den Fetzen der Toten herum, hatte keine Haare mehr und war bis auf die Knochen abgemagert. Im Schlaf hätte man mich leicht mit den Toten verwechseln können, die überall herumlagen.

Die Arbeit war schwer, aber ich war froh, aus dem stinkenden Block herauszukommen. Auf den Schanzen, hinter der Kaserne E VII, mussten wir Tomaten pflanzen und pflegen. Unsere Gruppe wurde jeden Morgen von Wachleuten raufgeführt, wo wir kleine Setzlinge einpflanzen mussten. Eine andere Gruppe pflanzte Kohlrabi. Die Pflanzen wurden besser versorgt als jeder Insasse im Lager. Jeder von uns war persönlich verantwortlich für das Wohlergehen der Setzlinge. Ich ging zu den im Lager gezüchteten Kaninchen, um ihren Dung zu holen. Auch von einem Stall, in dem Pferde gezüchtet wurden, holten wir den Mist, legten ihn auf die Erde und pflanzten die Tomaten hinein. Und natürlich mussten sie regelmäßig mit frischem Wasser begossen werden. Doch der einzige Wasserhahn zum Begießen der Pflanzen befand sich unten am Gebäude der Kaserne E VII. Mein Weg dorthin führte immer an einem großen Raum mit ziemlich großen Fenstern vorbei. Ich konnte meinen Blick nicht abwenden. Dort wurden die verwahrt, die über den Geschehnissen ihren Verstand verloren hatten. All die Menschen, die diesem Irrsinn nicht mehr standhalten konnten. All jene, die ihren Gefühlen und ihrer Ohnmacht endlich freien Lauf ließen. Durch das Fenster konnte ich sie sehen. Da war diese junge Frau, die ich immer und immer wieder betrachten musste. Es war nicht so, dass ich extra anhielt, um sie zu beobachten. Das wäre auch gar nicht erlaubt gewesen. Es war viel mehr so, dass ich beim Vorübergehen mit den leeren Wassereimern kurz in das Fenster blickte, um nur nach ihr zu sehen. Man sagte mir, dass SS-Leute ihr kleines Kind vor ihren Augen getötet hatten. Wer konnte dabei noch den Verstand behalten? Auch diese „Svoks“ (Irren) wurden einfach in einen Transport mit hineingesteckt. Sicher stand auch dieser armen Frau ein solches Schicksal bevor.

Doch so ganz hatte ich nicht vergessen, dass ich

noch ein Kind war. Und was hatte ich schon zu verlieren? Das jedenfalls dachte ich, wenn ich diese wunderbaren Birnen auf dem Weg zu den Schanzen sah. Jeden Tag gingen wir an den hoch gewachsenen Birnbäumen vorbei. Ein Zweig wuchs jedoch schräg über den Weg mit einer einzigen Birne daran. Goldgelb war sie. Ich stellte mir täglich vor, wie köstlich sie schmecken musste. Jedes Mal, wenn wir hochgingen, versuchte ich, mit einem Stein die Birne zu treffen. Ich traf sie nie. Sie hing viel zu hoch. Ernst und Walter schimpften mit mir: „Du weißt doch, dass wir dafür in den Transport kommen!" Aber, was hieß das schon? In den Transport hätte ich sowieso jederzeit kommen können. Da hätte ich doch vorher wenigstens diese köstliche Birne gegessen. Also probierte ich es immer und immer wieder. Irgendwann musste doch diese Frucht Erbarmen mit mir haben. Ernst und Walter stammten eigentlich aus Köln. Ihre Eltern waren mit ihnen nach Holland geflüchtet, wurden dort verraten und kamen mit den Söhnen in das Lager Westerbork, von wo sie weiter nach Theresienstadt deportiert wurden. Mit den beiden machte ich immer „Mittagsdienst". Wenn die anderen zum Essen gingen, blieben wir oben und passten auf, dass von den Tomaten nichts gestohlen wurde. Wir lagen im Gras in der Sonne und ich erholte mich zusehends. Zwar war ich dafür nicht beim Mittagessen dabei, aber auf die dünne Wassersuppe mit Kümmel oder Kartoffelschalen konnte ich gut verzichten. Ich hatte mich freiwillig gemeldet, um so wenig wie möglich im Block bleiben zu müssen. Das ging nur im Arbeitseinsatz. Bei uns im Block war dieser fürchterliche Gestank von den Leichen, der Enteritis, den Strohsäcken, die man verbrannte: ein unbeschreiblicher, unvergesslicher Gestank, der sich wie eine unsichtbare Haut über alles legte. Hier auf den Schanzen genoss ich die warme, klare Luft, die mir neue Lebenskräfte gab. Unsere Tomaten gediehen auf dieser gedüngten Erde wunderbar. Nur essen, essen durften wir davon niemals. Darauf stand Todesstrafe! Aber ich hätte auch niemals daran gedacht. Es gab Jugendliche, die versucht hatten, Gurken oder Tomaten ins Lager zu schmuggeln, aber die meisten wurden erwischt und kamen sofort in den nächsten Transport nach Auschwitz. Alles, was in Theresienstadt produziert wurde, ging „heim ins Reich". Auf den Schanzen sahen wir wenigstens für eine kurze Zeit, vielleicht eine Stunde, keine Toten, keine Ungeziefer, mussten nicht die von den Leichen verpestete Luft einatmen. Es war wunderbar.

Aber dies war im Herbst beendet und ich wurde für einen anderen Dienst eingeteilt. In der Mitte von Theresienstadt gab es eine prachtvolle Lindenallee: Ihre Blüten wurden für den Lindenblütentee gesammelt. Das war unsere Arbeit. Wir standen auf Lastwagen, die von Baum zu Baum fuhren. Mit großen Greifarmen rissen wir die Blüten von den Bäumen, die direkt in den Wagen fielen. Auch sie gingen heim ins Reich. Ernst und Walter überlebten das Lager nicht. Sie kamen in den Transport nach Auschwitz.

Die Arbeit galt für jeden. Keiner wurde ausgenommen. Es gab extra Mithäftlinge, die darauf zu achten hatten, dass jeder mit Arbeit versorgt wurde. Schließlich waren wir günstige Arbeitskräfte für das deutsche Volk. Sehr günstig, denn einen Lohn erhielten wir dafür nie. Wozu auch? In den Augen der Deutschen waren wir weniger wert als ihre Tiere. Sie verglichen uns mit Ratten, die es zu vernichten galt.

So wurde ich nach der Lindenblüte auch direkt weiter eingesetzt. Man forderte mich auf, als Ordonnanz der jüdischen Selbstverwaltung zu arbeiten. Eine Arbeit, die ausschließlich von den Kindern in meinem Alter gemacht wurde. Die Kommandantur gab jeden Tag neue „Tagesbefehle" heraus, die wir in den Kasernen und Blocks verteilen mussten. In den Tagesbefehlen wurden zum Beispiel die Blockführer angewiesen, Platz in ihren Räumen zu schaffen, wenn ein neuer Transport angekündigt war. Die Straßen mussten sauber gehalten werden oder die Entlausungsstationen aufgesucht werden. Für vieles gab es teilweise unsinnige Tagesbefehle. Doch alles musste hier seine Regeln haben, die es peinlichst einzuhalten galt. Wir waren ja schließlich ein ordentliches Lager. Jeden Abend wurden aufwendige Listen über den Bestand der Lagerinsassen getippt: Wer war gekommen? Wer war weggekommen und wer war gestorben? Diese Auflistung war eine mühsame Arbeit: Die Daten der

Menschen, wie Geburtsdatum, Sterbedatum und Datum des Transportes wurden stets mit siebenfachem Durchschlag auf einer Schreibmaschine abgetippt. Aber das Schreiben war für mich längst nicht so beschwerlich wie das Laufen zu den Blöcken. Daher wollte ich unbedingt die Arbeit an der Schreibmaschine machen, weil ich dann im Büro bleiben durfte. Ich blieb also abends länger und bot Frau Dr. Kober, der Leiterin der Dresdner Kaserne, meine Unterstützung an. Sie sagte: „Margot, wenn du für andere die Listen schreibst, kannst du doch auch für deinen eigenen Bereich Listen schreiben." Von da an hatte ich die Verantwortung für eine Anzahl von Räumen in der Dresdner Kaserne. Ich hatte die Menschen aus den neu angekommenen Transporten unterzubringen, die Transportzettel auszuteilen an diejenigen, die nach Auschwitz kamen und den Neuzugängen die Essensausgabe zu zeigen. Vor allem aber hatte ich die gleiche Aufgabe, die auch mein Vater in unserem Block innehatte: Ich sollte jeden Abend eine Bestandsliste erstellen – immer mit sieben Durchschlägen. Ich sah zu, dass ich so selten wie möglich in meinem Block sein musste. Ich konnte noch immer nicht den Gestank ertragen. Dabei hätte ich mich doch nach der langen Zeit schon an den Geruch des Todes und der Durchfälle gewöhnen müssen. Aber ich konnte es nicht aushalten. Mit 12 Jahren war ich die jüngste Gruppenleiterin in der Kaserne. Vielleicht ein Kompliment, aber ein fragwürdiges. Das Alter zählte hier nichts. Man hatte zu funktionieren oder kam in den nächsten Transport. Jeden Tag habe ich damit gerechnet, dass auch ich auf einer der Listen stehen würde. Dies hätte gut passieren können. Doch fast noch mehr Angst hatte ich, dass ich überlebe. Es quälte mich die Vorstellung, zu viel in der Schule verpasst zu haben oder wieder in das verhasste Hannover zurückzumüssen.

Meine Arbeit hatte noch einen weiteren Vorteil: Man gab mir Passierscheine. Weil man für jede Kaserne gesonderte Passierscheine benötigte, besaß ich immer mehrere von ihnen. So durfte ich überall rein. Das war fast wie eine Generalvollmacht für das Lager. Sicher war dem nicht so, aber es kam mir manchmal so vor. Von meinen Eltern und meiner Schwester Gerda bekam ich kaum noch etwas mit, weil ich die ganze Zeit bei Frau Dr. Kober arbeitete. Ich mochte diese Frau sehr, die mich mit immer neuen Aufgaben betraute.

Irgendwann bekam ich die Nachricht, dass ich als Transporthilfe eingeteilt werden sollte. Die Schienen der Eisenbahn waren inzwischen bis zum mittleren Hof der Hamburger Kaserne, die direkt im Lager lag, verlegt worden. Dort mussten diejenigen hinkommen, die für den Transport vorgesehen waren, und warten, bis der Zug da war. Ohne es zu wissen, waren wir Kinder die Helfer des Todes.

Als Transporthelfer sollten wir die nicht Gehfähigen bis zum Tor bringen, das hieß, sie auf Bahren tragen. Dort saß jemand von der Kommandantur und von der jüdischen Selbstverwaltung und strich die Menschen, die im Transport waren, auf ihren Listen ab. Wir übergaben diese armen Leute dann der äußeren Transporthilfe, die sie in die Waggons hob. Die Arbeit der inneren Transporthilfe wurde nur von Kindern ausgeführt, die äußere Transporthilfe hingehen von Männern. Wer hier arbeiten musste, riskierte es, auch in den Transport gesteckt zu werden. Das kam oft vor und wurde willkürlich von der SS entschieden. Besonders ein Mann zeigte seine Macht dabei ohne Zurückhaltung: Unterscharführer Rudolf Haindl[3]. Er war Vertreter des Lagerleiters im Ghetto Theresienstadt. Jung, schlank und eiskalt stand er neben den Transporten und schlug mit der Peitsche gegen den hohen Schaft seiner Lederstiefel. Fast als hätte er Freude daran, trieb er die Transporthilfen zu noch mehr Eile an: „Wenn der gesamte Transport nicht pünktlich fertig ist, kommt die gesamte Transporthilfe mit in den Transport." Es war mitten in der Nacht. Um 24 Uhr in der Nacht musste der ganze Transport abgewickelt sein. Obwohl wir mit unseren Kräften längst am Ende waren, bemühten wir uns, die Bahren mit den alten Leuten noch schneller zu tragen. Er war schrecklich und furchtbar. Einmal schickte Haindl auch die Kinder der inneren Transporthilfe mit in den Transport. Gerade an diesem Tag lag ich mit einer schweren Lungenentzündung im Block. Das rettete mein Leben. Meine Freunde, mit denen ich zusammengearbeitet hatte, kamen alle nach Auschwitz.

Bald danach war ich wieder an der Schleuse und brachte die Menschen zu den Transporten. Jede Transporthilfe bekam ein Abzeichen und eine Armbinde, die wir wieder abgeben mussten, wenn der Transport das Lager verlassen hatte und wir durch eine kleine Tür wieder hinausgelassen wurden. Diese Zeichen bedeuteten meine Sicherheit, ohne sie kam ich nicht wieder zurück in das Lager. Das wusste ich. Wie oft baten mich Mädchen, die im Transport waren, dass ich ihnen mein Abzeichen und die Armbinde leihen würde. Sie wollten noch einmal heraus und sich von ihren Freunden, Eltern oder Geschwistern verabschieden. Ich wusste, wenn ich ihrer Bitte entsprach, war ich im Transport. Es fiel mir nicht leicht, nein zu sagen. Ich war doch noch ein Kind. Sie wären allerdings sowieso nicht hinausgekommen. Während der Abfertigung des Transportes kam niemand hinein oder hinaus.

Wissenshunger

Keiner von uns glaubte, dass wir überleben. Wenn all die Kinder sterben mussten, warum sollte ausgerechnet ich überleben? Es war nur eine Frage der Zeit, wann man im Transport war. Dennoch dachte ich: Wenn ich doch überleben sollte, haben die anderen draußen gelernt und ich nicht. So suchte ich mir Unterricht. Überall gab es kluge, studierte Menschen, die mir etwas beibringen konnten und auch wollten. Ein Mädchen aus dem Lager stellte mich der Frau von Prof. Lieben von der Deutschen Universität in Prag vor. Sie war eine lustige Deutsch-Amerikanerin, die ich um Englischunterricht bat. Sie machte das auf eine sehr amüsante Art und man hatte viel Spaß dabei. Ständig erzählte sie Witze und Anekdoten in ihrem amerikanischen Englisch. „Ein kleiner Junge steht ganz alleine auf einer Straße in einer großen Stadt. Da wird er angesprochen: "Where is your father, where is your mother?" The boy answered: "I have no mother, I have no father. I am a self-made man." Ermuntert durch meine Erfolge im Englischunterricht, sprach ich ihren Mann an. Prof. Lieben ist ein bekannter Gelehrter in Prag gewesen. Es war jedoch das erste Mal, dass er ein Kind unterrichten sollte. Das machte ihn etwas verlegen, aber er willigte ein. Er gab mir Deutschunterricht. Mir ganz alleine. Er war ein wunderbarer Lehrer, bei dem ich viele Aufsätze schreiben sollte. Sie waren sogar richtig gut, wie er meinte. Es war damals mein größter Wunschtraum, einmal eigene Geschichten und Theaterstücke zu schreiben. Ich verdanke ihm so unendlich viel. Damit ich wie in einer richtigen Schule schreiben konnte, brachte ich mir Stift und Papier aus der Kanzlei mit, in der ich tagsüber arbeitete, und machte mir ein kleines Heft daraus. Ich knickte die Papiere in der Mitte und heftete sie mit einem Faden zusammen. Als Buchumschlag nahm ich etwas Jute aus einem alten Strohsack. Darin schrieb ich meine Aufsätze und Gedichte.

Dann machte mich seine Frau mit dem jungen Rabbiner Dr. Ernst Lieben und seiner Schwester Minna bekannt, den Neffen von Prof. Lieben. Ihr Vater, ein Arzt, ist auch der Vorsitzende der jüdischen Gemeinde in Prag gewesen. Von dort wurde er direkt nach Auschwitz deportiert. Dr. Ernst Lieben lebte in der Hannover-Kaserne und arbeitete auf dem Bauhof. Er scharte einige religiöse Jungen um sich. Sie stahlen Holz und Nägel und errichteten am Ende des großen Schlafsaales eine Wand, hinter der Dr. Lieben die Jungen Thora und Talmud lehrte – natürlich ohne die Bücher zu haben. Alles war streng geheim. Niemand durfte davon erfahren. Seine Schwester Minna unterrichtete uns Mädchen in ihrer Ubikation. Am Sonnabend, nach Einbruch der Dunkelheit, gingen auch wir Mädchen in die Kaserne – das gestohlene Holz hatte sogar für primitive Bänke und einen Tisch gereicht – und Ernst Lieben erzählte uns Geschichten aus Thora und Talmud und sang mit uns jüdische Lieder. Jeder von uns hatte ein kleines Stückchen Brot mitgebracht, sodass wir das Gefühl hatten, einen richtigen Oneg Schabbat, so nennt man den Ausgang des Schabbats, feiern zu können. Wie wir so gemeinsam in der Dunkelheit saßen, vergaßen wir für kurze Zeit, dass wir erbärmlich aussehende Kinder in einem Konzentrationslager waren. Wir vergaßen den Hunger, den Tod und das Elend um uns herum. Zusammen sangen wir das alte jiddische Mameloschen-Lied: „Was wird sein, wenn der Meschiach kommt?“[4]. Jiddisch, diese wunderbare Sprache, die so viel Herz und Leid in sich vereint. Plötzlich bekam diese Mischung aus Deutsch und Hebräisch eine ganz neue Bedeutung für mich. Hier lernte ich auch die zwei Brüder kennen: Markus und Eli Flesch aus Frankfurt. Eli, der Jüngere, kümmerte sich immer so liebevoll um seinen Bruder. Ich bewunderte ihn für seine Klugheit und fand ihn wunderschön mit seinen schwarzen Locken.

Solche Treffen waren gefährlich und natürlich streng verboten. In einem Haus mit tschechischen Jugendlichen war einmal ein Lehrer mit seiner Lerngruppe erwischt worden. Sie gingen mit einem Weisungstransport nach Auschwitz. Was das zu bedeuten hatte, wusste jeder von uns: ohne Selektion direkt ins Gas. Doch das konnte uns, und am allerwenigsten mich, nicht vom Lernen abbringen. Sollten Sie mich doch vergasen! Dann hätte ich wenigstens vorher noch etwas gelernt. Es war sowieso nur eine Frage der Zeit, bis auch ich mit meinen Eltern an der Reihe war. Als im August 1943 die Familie Merzbach mit Tochter Ute aus Berlin nach Theresienstadt kam, konnte mich daher nichts davon abhalten, sie anzusprechen. Dr. Margarete Merzbach war Gymnasiallehrerin gewesen und richtete bald im Lager Unterrichtsgruppen ein. Bei ihr lernten wir richtig Deutsch, Mathematik und Englisch. Sie war groß, blond und unheimlich gelehrt. Sie konnte Gedichte und ganze Theaterstücke auswendig aufsagen. Wie sehr beneidete ich ihre Tochter Ute, die so viel Wissen von ihrer Mutter lernen konnte. Tatsächlich waren ihre Lateinkenntnisse beeindruckend. Ihr Vater, Prof. Merzbach, war in Berlin ein großer Wirtschaftswissenschaftler gewesen und wohl deshalb erst sehr spät nach Theresienstadt gekommen. Er wurde gleich in den Ältestenrat des Lagers aufgenommen. Margarete Merzbach gab auch Lateinunterricht, an dem ich unbedingt teilnehmen wollte. Latein war für mich die Sprache in die Welt des Wissens. In diese Welt wollte ich eindringen. Doch ich musste sie erst überzeugen, mich in die Gruppe aufzunehmen. Sie lehnte mich zuerst ab und sagte: „Alle in der Lateingruppe sind viel älter als du." Aber ich ließ nicht locker, bis ich auch am Lateinunterricht teilnehmen konnte. Frau Dr. Merzbach war eine tolle, eine wunderbare Lehrerin. Wir waren zwar hungrig nach Essen, aber genauso war auch unser Hunger nach Bildung unermesslich. Schließlich hatten wir eine richtige Schule schon lange nicht mehr von innen gesehen. Doch besser hätten wir nicht lernen können. Ganz ohne Bücher rezitierte Frau Merzbach Gedichte, sprach Monologe und zitierte die großen Dichter der Welt. Ihr Kopf war wie eine lebende Bibliothek und sie öffnete sie für uns. Margarete Merzbach brachte uns bei, zu lernen und die Welt der Worte zu verstehen. Wir lernten haufenweise Dramen, Gedichte und Romane auswendig. Das Lernen fand in ihrem kleinen Raum in der Magdeburger Kaserne statt, in dem sie auch mit ihrem Mann und ihrer Tochter wohnte. Aber natürlich durfte niemand etwas davon wissen. Jeder von uns begab sich in Gefahr, entdeckt zu werden. Es gab viele Wissenschaftler in Theresienstadt, manche von ihnen mussten ihr Wissen noch im Lager den Nazis zur Verfügung stellen. So wohnte direkt neben uns in einem kleinen Nebenraum ein Wissenschaftler, der für sich allein war. Dieser Mann war ein Professor der Mathematik und Physik. Er holte sich jeden Tag von der Kommandantur Berechnungen, die er zu bearbeiten hatte. Seine Berechnungen gab er dann wieder in der Kommandantur ab. Ich wusste genau, worum es dabei ging: Es handelte sich um die V2[5], die Geheimwaffe der Nazis. Dieser Professor war wohl ein großer Wissenschaftler, der unter diesen unvorstellbar schrecklichen Verhältnissen – er war immer in Mantel und Schal gekleidet, weil er so fror

– die kompliziertesten Berechnungen anstellte. Hungrig und abgerissen sah er immer aus, bis er eines Tages zu uns sagte: „Ich möchte mich verabschieden. Ich bekomme einen neuen Mantel, einen Anzug und einen leeren Koffer und muss bei der Erprobung der V2 dabei sein. Danach werde ich nicht wiederkommen." Wir wussten, was das zu bedeuten hatte – er würde nach Auschwitz deportiert werden. Es ist schon ein trauriger Moment, wenn jemand lebendig vor einem steht, der bald tot sein wird. Auch wenn dies im Lager immer wieder passierte, war es doch jedes Mal traurig.

Außer Dr. Ernst Lieben und seiner Schwester Minna, die mit uns die Gebete lernten, gab es noch Frieda. Ein braungebranntes vielleicht 20-jähriges Mädchen aus der Tschechoslowakei. Sie leitete das eine Haus der Jugendlichen. Frieda war überzeugte Zionistin. Sie wollte unbedingt nach Palästina und wusste so viel über das Land ihrer Träume. Sie hat uns viele Geschichten über Palästina erzählt und mit uns zionistische Lieder gesungen. Wir sangen von einem Leben der Juden in Freiheit, ein Leben ohne Angst und voller Tatendrang. Aber Frieda kam mit einem großen Teil der Mädchen aus ihrem Haus in den Harz in eine unterirdische Munitionsfabrik. Die Arbeiterinnen kamen niemals an die Luft, sie sahen kein Tageslicht. Das Gift, mit dem sie hantierten, zerfraß ihre Körper. Wer diese Hölle tief im Innern der Erde überlebte, kam 1945 zur „Endlösung“ nach Theresienstadt zurück. Als Frieda wieder im Lager war, begegneten wir uns. Sie sprach mich an: „Margot, ich bin es, Frieda. Erkennst du mich nicht?“ Doch ich erkannte sie nicht wieder. Ihre Haare waren ausgefallen – auch die Wimpern und Augenbrauen. Ihre Fingernägel hatten sich aufgelöst, ihre Augen waren rot und ihre Haut grün. All die früher so lebhaften Mädchen sahen nun schlimmer als Leichen aus. Diese Mädchen waren nicht mehr als Menschen zu erkennen. Ich fragte mich, wie sie mich erkannt hatte. Denn auch ich hatte keine Haare mehr und sah wie ein Muselmann aus.

Mit den letzten „Prominenten“ kam 1943 auch Klara Berliner nach Theresienstadt. Klara war die Tochter von Joseph Berliner, der zusammen mit seinem Bruder Emil die Deutsche Grammophon GmbH gründete. In Hannover produzierten sie die ersten Schellack-Schallplatten. Während Klaras Familie in die Vereinigten Staaten auswanderte, musste Klara wegen ihrer Behinderung in Deutschland bleiben. Da sie mit uns in Hannover im Judenhaus war, fühlte sich mein Vater ihr verbunden. Sobald wir hörten, sie würde nach Theresienstadt kommen, holte sie mein Vater gleich von der Schleuse ab und brachte sie bei uns unter. Er kümmerte sich um sie. Klara Berliner war sehr verbittert über ihre Familie. Alle, bis auf ihre Cousine Cora Berliner, waren nach Amerika ausgewandert: Doch niemand schrieb ihr. Als Prominente hätte sie Post wie auch Päckchen empfangen dürfen. Aber sie hatten sie alle einfach vergessen. Sie starb in Theresienstadt an einer Lungenentzündung. Aber vorher hatte sie noch zwei Männer gerufen und ihnen ein Testament diktiert. Danach sollte die Familie Kreuzer, also meine Eltern, Gerda und ich, ihr gesamtes Vermögen erben. Wir haben erst nach ihrem Tod davon erfahren.

Theresienstadt wird schön gemacht

Am 22. Juni 1944 wollte eine Delegation des Internationalen Roten Kreuzes unser Lager besichtigen. Die Nachricht sprach sich bis zu mir in die Kanzlei in der Magdeburger Kaserne herum, in der ich arbeitete. In diesem Büro erfuhr ich so einige Informationen, die anderen im Lager vorenthalten wurden. Seit Ende 1943 war ich in der Magdeburger Kaserne damit beschäftigt, Tagesbefehle zu schreiben, natürlich wieder mit siebenfachem Durchschlag! Zur Vorbereitung auf den Besuch wurde Theresienstadt herausgeputzt. Alle Häuser mussten an der Fassadenseite gestrichen werden, die Straßen wurden geschrubbt und niemand durfte auf den Gehwegen gehen. Vor den Scheiben ehemaliger Geschäfte, in denen jetzt Alte und Kranke lagen, wurden große bemalte Plakate angebracht, die die Schaufenster ganz bedeckten. Auf ihnen waren Wurst- und Fleischwaren gemalt oder Brot- und Backwaren und darüber war geschrieben: „Fleischerei“ oder „Bäckerei“. Über einem Haus stand „Bank“ und es wurden sogar Banknoten gedruckt. Sie wurden niemals an uns ausgegeben, aber wir hätten sowieso nichts damit anfangen können. Auf den Grasflächen, die wir nicht betreten durften, wurden Blumen gepflanzt: Musiker bekamen Anzüge und Instrumente, um als Orchester

Musik zu spielen. Außer ihnen durfte sich niemand sonst während des Besichtigungsbesuchs auf der Straße zeigen. Soweit ich gehört habe, fand die Genfer Kommission alles gut und in Ordnung. Ich konnte nicht begreifen, wie sich Menschen so blenden lassen konnten. Konnten sie denn nicht sehen, was wirklich hier passierte? Aber ich begriff schnell: Die Menschen sehen nur das, was sie sehen wollen. Niemand interessierte sich tatsächlich für uns. Und das Lager sah auch wirklich nett aus mit seinen Blümchen und Geschäften – während dahinter die Menschen hungerten und starben. Das durfte niemand sehen. Der Besuch wurde ein voller Erfolg für die Nazis. Wenn man so leicht Menschen täuschen kann, warum nicht auch gleich einen ganzen Film über Theresienstadt drehen? Das jedenfalls muss sich die SS gedacht haben: „Hitler schenkt den Juden eine Stadt“.[7] Wie passend, dass zu dieser Zeit aus dem niederländischen Lager Westerbork der aus Deutschland nach Holland geflüchtete große Regisseur und Schauspieler Kurt Gerron in unser Lager kam. In Theresienstadt verbreitete sich die Nachricht schnell: Kurt Gerron kommt! Es gab im Lager viele Schauspieler und Musiker, aber Kurt Gerron war einer der ganz großen. Die Künstler, die im Lager waren, versuchten viel, um den Menschen eine Freude zu machen. Auf den Dachböden der Kasernen spielten sie Theaterstücke, die sie auswendig kannten: Bei einem in Frankreich spielenden Theaterstück hatten die männlichen Darsteller ihre langen Unterhosen verkehrt herum angezogen: Sie trugen sie als weiße Hosen und waren bemüht, sich nur von vorn zu zeigen. Andere zogen durch die Höfe und boten ihre Kunst an. Ich erinnere mich an eine junge Schauspielerin, die in unserem Hof das „Lied der Jenny“ aus der Dreigroschenoper gesungen hat. Ich war ganz begeistert. Oder die beiden Kabarettisten „Herr Fröhlich und Herr Schön“, deren Nummer immer so anfing: „Wie geht's Ihnen Herr Fröhlich?“ „Wie geht's Ihnen Herr Schön?“ „Ich danke so allmählich – es könnt mir besser gehen. Heut war ich im Gefrette, da hat sich was passiert. Da hat man die Pferd' damit sie feurig werden mit Pfeffer eingeschmiert.“ „Wie ich mich da nur freue, dass meine Frau das nicht hat gesehen.“ „Auf Wiedersehen Herr Fröhlich.“ „Auf Wiedersehen Herr Schön.“ Dabei zogen sie ihre Hüte und verabschiedeten sich. Die Hüte und Stöcke hatte man ihnen immerhin gelassen. Es gab wunderbare Zauberkünstler, die zum Teil auch ihre Utensilien behalten durften. Das hatte die SS nicht ohne Hintergedanken gestattet, denn die Künstler mussten öfters vor den SS-Leuten auftreten. Wer sich weigerte, wanderte sofort mit dem nächsten Transport nach Auschwitz. Auch „Nivelli“ war solch ein bekannter Künstler, den die Nazis sich am Leben erhielten. Eigentlich hieß er Herbert Levin und war in Deutschland ein berühmter Zauberkünstler gewesen. Er war der Onkel meiner Mutter, die auch eine geborene Levin war. Oft kam er zu uns und führte seinen bekanntesten Trick vor: Er „aß“ zugleich Rasierklingen und lange Fäden und schluckte sie hinunter, um anschließend die Rasierklingen an den Fäden aufgezogen wieder aus dem Mund herauszuziehen. Oft musste er vor der SS zaubern, aber das hinderte die SS nicht daran, ihn 1944 zusammen mit seiner Frau Gerda und dem Sohn Peter in den Transport nach Auschwitz zu stecken. Später sagte man mir, dass er auch in Auschwitz der SS seine Stücke vorführen musste. Gerda und Peter haben sie dennoch nicht verschont. Sie wurden vergast. Nivelli aber zauberte weiter um sein Leben und überlebte.

Auch ich habe in Theresienstadt zwei Theaterstücke geschrieben, die sogar im Keller der Hannover-Kaserne von den Jungen und Mädchen der Agudah[6] aufgeführt wurden. Das eine Stück hieß „Der Chanukka-Traum“, das andere „Vier Jahreszeiten“. Der Chanukka-Traum war eine romantisch verklärte Geschichte, die um die Chanukka-Zeit spielt: Ein Elternpaar sitzt weinend am Bett seines kranken Kindes. Da kommt die Chanukka-Königin Menorah mit ihren acht Lichtern herein. Die Lichter tanzen singend um das Bett des kranken Kindes herum. Ich hatte das Schlaflied „Schlafe mein Prinzchen, schlaf ein“ umgetextet in „Schlafe mein Kindchen“. Die Rolle des Vaters im Stück übernahm ich, aber ich hatte mir kaum Text zugeschrieben. Als Vorhang brachten die Jungen ihre Decken mit und steckten sie zusammen. Beim zweiten Stück konnte ich leider nicht mehr mitwirken, weil ich mit der Lungenentzündung im Block lag. Gabriel, der Bruder von Ernst Lieben, übernahm die Inszenierung. Wie ich hörte, muss sie sehr schön gewesen sein.

Dann gab es noch die Kinderoper „Brundibar". Sie wurde in der Sokolovna, dem herausgeputzten Gemeinschaftshaus, aufgeführt. Das Haus war außerhalb des Lagers, nur die kleinen Kinder durften dort hingehen. Sie wurden gezählt und an den Händen abgestempelt, damit auch alle wieder herauskamen. Leider war ich mit meinen zwölf Jahren schon zu alt für die Vorstellung und wurde zum Arbeiten geschickt.

Nun aber war Kurt Gerron in Theresienstadt das Ereignis. Er hatte 1930 in dem Marlene-Dietrich-Film „Der blaue Engel" die Rolle des Zauberers gespielt, die ihn berühmt gemacht hatte. Zudem war er ein erfolgreicher Regisseur gewesen. Er wurde zur Kommandantur bestellt und gefragt, ob er einen Film drehen wolle.[7] Natürlich wollte er. Kein Regisseur hätte dieses Angebot abgelehnt, zumal die Nazis ihm auch keine Wahl ließen. Wahrscheinlich hatten sie ihm sogar versprochen, er würde bei guter Mitarbeit sein Leben retten können.

Kurt Gerron war jetzt in seinem Element. Sein Ehrgeiz kannte keine Grenzen. Er stülpte die Welt des schönen Scheins über das wirkliche Grauen des Lagers. Und er gab sich alle Mühe, einen schönen

Film zu machen. Es war alles Camouflage, alles Betrug. Er wusste es, aber er tat es im Sinne der Nazis. Ein Cafehaus wurde hergerichtet und zuvor gut eingekleidete Leute davor gesetzt. Die Kamera begleitete den Lagerkommandanten von Theresienstadt, Karl Rahm, zum Haus der Kinder und filmte, wie ein speziell herausgeputztes Kind zu ihm sagte: „Nein, Onkel Rahm, ich mag keine Schokolade mehr, wir bekommen hier so viel Schokolade.“ Da zog der Lagerkommandant die hingehaltene Tafel Schokolade wieder zurück. Was wäre wohl mit diesem kleinen Kind passiert, wenn es auf diese Schokolade bestanden hätte? Aber sicher wusste es nicht einmal, was eine Tafel Schokolade tatsächlich war, da es so etwas sicher noch nicht gesehen hatte. Gerrons dramaturgischer Wahn lief ins Uferlose. Er übertraf sicher die Vorstellungen der Nazis, die dem deutschen Volk vorgaukeln wollten, wie gut es den Juden immer noch ging, während ihre eigenen Angehörigen als Soldaten kämpfen müssen. Der Höhepunkt des Films war ein Feuerwehrwagen, den man von irgendwo mit uniformierten Feuerwehrleuten herbeigeschafft hatte. Mit Hupen und Gebimmel fuhr der Wagen durch das Lager. Die jungen SS-Leute von der Kommandantur hatten nichts Besseres zu tun, als durch die Blocks zu gehen und Strohsäcke anzuzünden. Sie wurden natürlich von diesem Feuerwehrwagen nicht wirklich gelöscht. Wir Häftlinge aber hatten das Gefühl, in unserem Elend noch verhöhnt zu werden. Gerron begann mit den Dreharbeiten im August 1944. Er suchte ungefähr 100 Statisten für den Film. Ich kam nicht in die Verlegenheit, als Statist mitzuwirken. Er nahm nur Leute, die noch einigermaßen gut aussahen. Das konnte man von mir nicht mehr behaupten. Allerdings bin ich mit den anderen dem Kamerateam hinterher geschlichen und habe das Treiben um Kurt Gerron beobachtet. Es war alles ein großer Bluff. Doch kaum war der Film im September 1944 fertiggestellt, kam Kurt Gerron nach Auschwitz. Sein Eifer hat ihm nichts geholfen.

Als Ob
Ich kenn ein kleines Städtchen
Ein Städtchen ganz tiptop
Ich nenn es nicht beim Namen
Ich nenn's die Stadt Als-Ob.

Nicht alle Leute können
In diese Stadt hinein.
Es müssen Auserwählte
Der Als-Ob-Rasse sein.

Die leben dort ihr Leben
Als ob's ein Leben wär,
Und freu'n sich mit Gerüchten,
als ob's die Wahrheit wär.

Die Menschen auf den Straßen,
die laufen im Galopp.
Wenn man auch nichts zu tun hat,
tut man halt so als ob.

Es gibt auch ein Kaffeehaus,
gleich dem Kaffee L'Europe,
und bei Gesang und Musik
fühlt man sich dort als ob.

So mancher ist auch manchmal
Mit manchem manchmal grob;
Daheim war er kein Großer,
hier tut er so als ob.

Des Morgens und des Abends
Trinkt man als ob Kaffee;
Am Samstag, ja am Samstag
Da gibt's Als-ob-Haschee.

Man stellt sich an um Suppe,
als ob etwas darin,
und man genießt die Dorschen,
als ob's ein Vitamin.

Man legt sich auf den Boden,
als wäre das ein Bett,
und denkt an seine Liebe,
als ob man Nachricht hätt.

Man trägt das schwere Schicksal,
als ob es nicht so schwer,
und spricht von seiner Zukunft,
als ob es morgen wär.

(Gedicht aus Theresienstadt. Leo Strauss[8])

Es gab viele solcher Gedichte und Lieder aus Theresienstadt. Die inhaftierten Künstler gingen auf ihre Weise mit dem Elend des Lagers um.

Das Lied „Ich kenn ein kleines Städtchen, ein Städtchen ganz tip-top, ich nenn' es nicht beim Namen, ich nenn's die Stadt ‚als ob'" machte sich auch über die ganzen „Bonkes" lustig, die im Lager ihre Runde machten. Bonkes waren die vielen Gerüchte. Niemand wusste, woher sie kamen, dennoch kannte sie jeder. Die Gerüchte gaben uns Halt und waren zugleich eine stete Enttäuschung. Immer wieder kamen die „Bonkes": „Die Alliierten kommen." „Bald werden wir befreit!" Doch sie kamen nicht. Geglaubt hat es niemand von uns, aber schön wäre es doch gewesen.

Oder das flotte Lied „Mädel, sag igen und lass mich bei dir siegen; sei nicht ganz so fromm, sag nicht dem do dorn, wenn ich zu dir komm." Diese Verse zeigen das Sprachengemisch, das in Theresienstadt herrschte. Keine Sprache wurde mehr richtig gesprochen. Alles war ein Gemisch aus Tschechisch, Deutsch, Österreichisch und Ungarisch. Ich sprach mehr Tschechisch als Deutsch – Tschechisch war die Hauptsprache in Theresienstadt – aber auch das war nur ein Gemisch.

Ich war immer noch Gruppenleiterin und war

dabei, wenn Frau Dr. Kober, die Leiterin der Dresdner Kaserne, sich mit Carl Katz, dem Innenleiter der jüdischen Selbstverwaltung, der aus Bremen war und mit uns zusammen nach Theresienstadt kam, besprach. Da immer noch laufend Transporte nach Auschwitz abgingen, hatte Herr Katz dafür gesorgt, dass seine Frau und seine Tochter in der Glimmerproduktion eingesetzt wurden. Wer da arbeitete, war vor dem Transport geschützt. Glimmer war ein durchsichtiges Material, das ganz hauchfein gespalten werden musste. Man belegte damit die Flugzeuge, damit sie angeblich vom Radar nicht erfasst würden. Auf jeden Fall war es eine sehr schwere, mühselige Arbeit. Frau Katz und ihre Tochter hatten eine qualvolle Zeit in dieser Fabrik, aber sie haben überlebt.

„Freiheit" war ein Wort, das wir Kinder nicht kannten. Bereits in Hannover war für Juden ein Leben in wirklicher Freiheit schon lange nicht mehr möglich gewesen. Jetzt in Theresienstadt waren wir Gefangene, die auf das Ende unserer Hölle warteten.

Meine Arbeit in der Dresdner Kaserne ging weiter. Nach wie vor mussten die Listen geschrieben werden. Carl Katz war oft in unserer Kaserne und informierte Frau Dr. Kober über Neuigkeiten. Katz erzählte auch von den jüdischen Mädchen, die als Informantinnen eingesetzt wurden. Sie wurden zu den Zügen geschickt und sollten in unbeobachteten Augenblicken versuchen, mit den Lokführern zu flirten. Sie setzten dafür etwas herausgeputzte Mädchen ein, die gerade frisch nach Theresienstadt gekommen waren und noch einigermaßen gut, also noch nicht so verhungert wie ich aussahen. Ich war immer dabei, wenn Katz wieder Aktuelles zu erzählen wusste. Auf diese Weise erfuhr ich auch von den Vergasungen und den Verbrennungsöfen in Auschwitz. Wieder wusste ich mehr als die meisten anderen im Lager.

Einmal berichtet Carl Katz von einer seltsam geheimen Sache. Ein Transport mit Kindern aus Polen und Begleitern kam nach Theresienstadt, aber nur für eine Nacht. Die Kinder wurden abgeschirmt und gleich am nächsten Tag weiter nach Auschwitz geschickt. Wir rätselten viel darüber, wer in diesem Transport gewesen sein könnte. Vielleicht war es Janusz Korczak mit den Waisenkindern? Wir haben es nie erfahren.

Erklärungen zum Plan des Theresienstädter Ghettos (Auszug)

1 L 417 Ghettomuseum
2 Q 619 Theresienstädter Rathaus
3 L 414 Gebäude der ehemaligen Festungskommandantur
4 L 410 Unterkunft für junge Mädchen
5 Marktplatz
8 Q 414, 416 Sitz der SS-Kommandantur
9 L 311 Geniekaserne
10 L 315 Sitz der Ghettowache
11 L 318 Heim für Kleinkinder und Jugend im frühen Schulalter Theresienstädter Schule
12 Block F III Heime für Kinder und Lehrlinge
13 Block G II Sitz der Gendarmerieabteilung
15 L 324 Das Viktoria genannte Objekt erhielt den Speisesaal und Wohnungen für Angehörige der SS-Lagerkommandantur
16 Block H IV Bodenbacher Kaserne – Gefangenenunterkunft
18 Block H V Dresdner Kaserne – Frauenunterkunft
19 Block G VI Heim für Säuglinge und Kleinkinder
20 Stadtpark
21 Block E VI Hohenelber Kaserne – Zentralkrankenhaus/Bäder
25 Block B V Magdeburger Kaserne – Sitz des Ältestenrates und der jüd. Selbstverwaltung
26 Block B IV Hannover-Kaserne – Unterkunft der arbeitsfähigen Männer
27 Block A IV Bäckerei und Hauptmagazin für Lebensmittel
28 Bahnhofstraße
29 Block C III Hamburger Kaserne – Frauenunterkunft

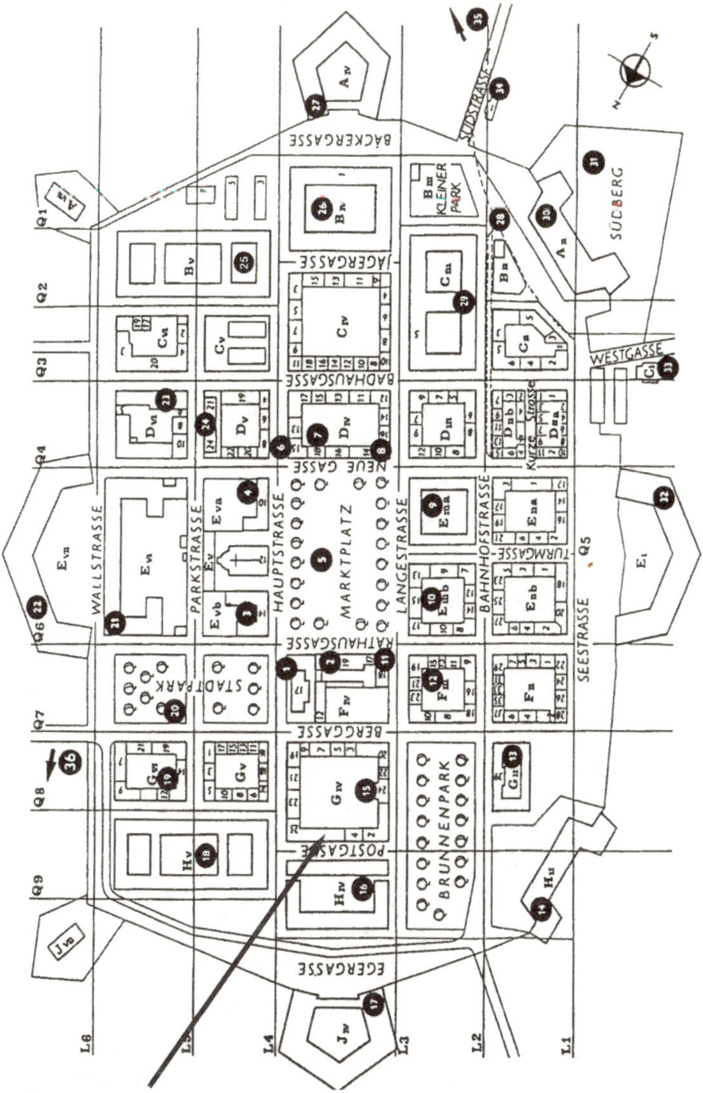

Unsere Ubikation

30 Block A II Jägerkaserne – Unterkunft für Alte und Quarantäneabteilung
31 Die Bastei
32 Block E I Sudetenkaserne – Unterkunft der arbeitenden Männer
33 Objekt C I Turnhalle des Vereins Sokol
34 Südstraße Leichenhalle und Zeremonien Räume
35 Jüdischer Friedhof mit Krematorium
36 Stelle an der Eger, wo im Jahre 1944 auf befehl der Nazisten die Asche der verstorbenen gefangenen in den Fluss geschüttet wurde

Gefangen im Kessel

Es war am frühen Morgen des 11. November 1943. Wir wurden geweckt und mussten uns auf den Weg machen. Das Ziel: der Bauschowitzer Kessel. Leute, die nicht gehen konnten, wurden in einem bestimmten Block zusammengelegt. Die genaue Position der Räume musste eingezeichnet, beschrieben an die Kommandantur gemeldet werden. Der Bauschowitzer Kessel war eine Senke mit Wällen ringsumher. In der Mitte befanden sich drei Kanonen, mit den Mündungen auf uns gerichtet. Auf den Wällen standen dicht an dicht Scharfschützen mit angelegten Gewehren, die auf uns gerichtet waren. Wir mussten uns immer zu Hunderten aufstellen. Es war bitterkalt, es regnete und wir durften nicht einmal austreten. So standen wir den ganzen Tag. Mein Papa mit seinem Holzbein wagte es nicht, Ermüdungserscheinungen zu zeigen. Zu genau achteten die Scharfschützen auf jede Regung von uns. Endlich, nach über 15 Stunden, konnten wir wieder zurück nach Theresienstadt gehen. Viele schafften den Rückmarsch nicht mehr oder starben später an den Erfrierungen, die sie sich zugezogen hatten. Die Aktion sollte wohl eine Zählung gewesen sein. Aber ich bin mir sicher, dass eine Zählung niemals stattgefunden hat. Wozu wäre sie gut gewesen? Alle Lagerinsassen wurden doch sowieso täglich gezählt. Wir waren einfach Geiseln, ohne etwas Näheres zu wissen.

Die Ohrfeige des Rabbiners

Es war seltsam. Ich war froh, wieder ins Lager zurückgehen zu können. Wir wurden nicht von den Scharfschützen erschossen, nicht von den Kanonen zerbombt. Das war doch immerhin etwas. Das Leben ging weiter – jedenfalls für mich. Als Ende 1944 die Transporte mit den Typhuskranken kamen – auch in die Räume, die ich als Gruppenleiterin zu betreuen hatte –, meinte ich, dass ich nicht auch noch Typhus haben müsste. Ich hatte schon genug Krankheiten gehabt. Typhus musste nun nicht unbedingt noch dazukommen. Also meldete ich mich krank. Ich erklärte, ich hätte etwas an den Füßen und könne unmöglich gehen. Bis dahin hatte ich mich noch nie krankgemeldet und so glaubte man mir. Carl Katz wollte jedoch nicht auf meine Arbeit verzichten und holte mich in seine Kanzlei in die Magdeburger Kaserne. Und weil ich nicht gehen konnte, wie ich vorgab, stellte er die Frau von einem Professor hinter meinen Stuhl. Sie sollte für mich die Botengänge machen. Das war mir so peinlich, dass ich ihre Unterstützung niemals in Anspruch nahm. Nun war ich also bei Carl Katz und bekam so einiges aus dem Lager mit. Einmal hörte ich ein Lachen. Da standen die Leute des Ältestenrates zusammen und amüsierten sich über ein Telegramm, das sie von der Kommandantur, also der SS, erhalten hatten. Im Lager wurde nicht gelacht. Das kam sonst nie vor. Das Telegramm stammte vom Reichssicherheitshauptamt der Gestapo in Berlin und kündigte Oberrabbiner Leo Baeck an. Darin hieß es, er werde in einem Sonderwagen mit seinen eigenen Möbeln anreisen und man solle ihm Räume zur Verfügung stellen. So teuer war er anscheinend der Gestapo. Wir hatten noch nicht einmal Strohsäcke zum Schlafen, lagen dicht an dicht auf dem schmutzigen Boden und er durfte seine eigenen Möbel und Kleidungsstücke ins Lager mitnehmen. Als er ankam, wurden sofort Räumlichkeiten für ihn in der Kaserne geschaffen, in denen er sich einrichten konnte. Man achtete ihn, aber keiner wollte es sich mit ihm verscherzen. Mein Vater wagte es einmal, Baeck auf der Straße anzusprechen. In Theresienstadt verkehrte Baeck nur in der Kommandantur, mit Juden pflegte er keinen Umgang. Papa bat ihn um seelische Unterstützung für die vielen Berliner Juden in unserem Block. Doch Leo Baeck entgegnete nur barsch, er hätte für Juden keine Zeit.

Papa war ganz entrüstet. Das passte nicht in sein Weltbild. Ein Rabbiner sollte helfen und Kraft spenden, egal wem. Dann traf ich ihn einmal selbst. Ich trug zusammen mit einem anderen Mädchen einen Wäschekorb voll Akten auf der Hauptstraße. Er war wirklich schwer und wir hatten Mühe, ihn überhaupt heben zu können. Leo Baeck kam uns entgegen und wir konnten ihm nicht schnell genug

Platz machen. Daraufhin wurde Leo Baeck so wütend, dass er uns beiden kräftig eine runterhaute. Eine Ohrfeige vom Rabbiner Leo Baeck. Das saß. „Ihr habt den Bürgersteig zu verlassen, wenn ich komme", fauchte er uns an. Baeck hatte Vorrechte und auf die bestand er kompromisslos.

Wem hätte ich das melden sollen? Jedenfalls ließ mich wenig später Carl Katz in die Magdeburger Kaserne kommen. Was ich erfuhr, machte mich sprachlos. „Wir von der Selbstverwaltung bekommen eine Extraration Essen. Sonst holt meine Tochter die Ration immer rauf. Margot, würdest du sie heute für mich abholen?" Es gab dort in der Magdeburger Kaserne eine kleine Hütte, aus der das Essen durch ein Schiebefenster an die Leute ausgegeben wurde. Dort musste ich den Empfang unterschreiben. Die Menschen, die dort arbeiteten, konnten nichts mitnehmen. Sie mussten sich nach der Essensausgabe nackt ausziehen. Niemand konnte also etwas herausschmuggeln, aber man konnte falsch zählen. Niemals wäre ich auf diese Idee gekommen. Ich war schließlich die Tochter eines deutschen Bankbeamten. Das hätte Papa niemals zugelassen. Korrekt, wie ich erzogen wurde, zählte ich die Mengen ordentlich ab, bis mir dann Mitgefangene einen unmissverständlichen Wink gaben: Einer stieß mir seinen Ellenbogen kräftig in die Rippen. Von diesem Augenblick an habe ich aufgehört zu zählen. Dafür haben sie mir einen Topf Fett hinter die Bürotür gestellt. Ich bekam einen fürchterlichen Schreck. Wenn herausgekommen wäre, dass ich nicht ehrlich war, hätte das schlimme Konsequenzen für mich gehabt. Das Fett bekam meine Mutter, die natürlich sehr froh über die zusätzliche Kalorienration war. Die Extra-Ration für die Mitarbeiter der Selbstverwaltung fiel etwas üppiger aus. Jeder musste zusehen, wie er durchkam. Das hatte ich in den vielen Jahren im Lager lernen müssen. Der Hunger im Lager wurde immer schlimmer. Einmal wurde Senfgemüse ausgegeben. Es war verdorbenes Gemüse, das man in süßem Senf zubereitet hatte. Essen, das man eigentlich nicht mehr essen durfte. Offenbar glaubte man wohl, für die Juden sei das gerade gut genug. Da kam Dr. Bergmann, der ehemalige Leiter des jüdischen Krankenhauses aus Hannover. Ein Arzt, der wissen musste, wie schädlich das vergammelte Essen war. Trotzdem ging er mit seinem Löffel herum und bettelte nach dem Gemüse: „Wer gibt mir sein Senfgemüse?“, rief er. Und wir sagten ihm: „Sie müssen doch wissen, dass man das nicht essen kann: Sie werden davon sterben.“ Doch er sah uns nur aus diesen leeren Augen an und antwortete: „Ich habe solchen Hunger.“

Ich ging also im Auftrag von Carl Katz zur Essensausgabe, wollte gerade auf der Liste der Extra-Rationen unterschreiben, als ich auf ihr einen Namen las, den ich kannte: Oberrabbiner Leo Baeck. Ich konnte es nicht glauben. Ein Oberrabbiner auf dieser Liste? Hinter mir drängelten die wartenden Leute bereits. Erst jetzt merkte ich, dass ich wohl schon eine ganze Weile auf die Liste gestarrt hatte. Beim nächsten Mal bat ich Katz, die Ration wieder holen zu dürfen. Ich wollte unbedingt noch einmal die Liste sehen.

Im Oktober 1944 sollten zehn Transporte nach Auschwitz gehen. Danach wäre Theresienstadt nahezu leer gewesen. Der Leiter der jüdischen Selbstverwaltung, Jakob Edelstein, ein Tscheche, weigerte sich, die Transporte durchzuführen. Daraufhin wurde er erschossen. Als Nachfolger wurde ein Berliner Jude, Dr. Paul Eppstein, eingesetzt. Aber auch er weigerte sich, die Deportation zu organisieren. Auch er wurde ermordet. Dann wurde ein Nachfolger aus Wien bestimmt, Dr. Benjamin Murmelstein. Er führte die Transporte durch. Die ersten beiden Transporte waren Männer-Arbeitertransporte. In einem dieser Transporte war Ossi Boden. Sein Vater war in unserem Block und litt an einer schweren Lungenentzündung. Kurz vor seinem Tod bat er meinen Vater, er möge sich um Ossi kümmern, der im Haus der Jugendlichen wohnte. Seine Mutter war bereits gestorben und so hatte der arme Junge niemanden mehr. Mein Vater versprach es ihm. Er freute sich darüber, endlich einen Sohn zu haben, und wollte ihn adoptieren. Ossi Boden, er hieß eigentlich Oskar, besuchte uns auch einige Male in der Ubikation. Dann kam er in den ersten

Männertransport. Er war 17 Jahre alt, geboren am 7. April 1927, gerade mal vier Jahre älter als ich. Und ich war die Transporthilfe. Er sagte zu mir: „Es wird alles nur halb so schlimm sein. Wir werden uns wiedersehen." Aber ich wusste, es war noch viel schlimmer, als wir es uns alle haben vorstellen können. Ossi wäre mein großer Bruder geworden und nun musste ich ihm in den Transport helfen. Das war keine Hilfe – im Gegenteil. Warum konnte ich ihm nicht wirklich helfen? Auch Walter Lehmann aus Barsinghausen – sein Vater war ein hoch dekorierter Kriegsheld aus dem Ersten Weltkrieg – war in dem Transport. Walter weinte so laut, dass es in der ganzen Kaserne zu hören war. Wie Ossi war auch er gerade erst 17 Jahre alt. Und Bob Rosenblatt, der Sohn des Direktors aus der Jüdischen Gartenbauschule in Hannover-Ahlem musste in den Transport. Sein Vater war eigentlich noch nicht auf der Liste, aber er wollte seinen Sohn nicht alleine gehen lassen. Daher meldete er sich freiwillig dazu. Doch dann kam die Überraschung: Die Waggons waren nicht eingetroffen. Es war Erew Jom Kippur[9], der Abend des Versöhnungstages. Sollten die Nazis doch Erbarmen mit den Todgeweihten haben, sich vielleicht sogar mit ihnen versöhnen? Alle Männer konnten noch einmal zurück in ihre Unterkünfte. Wie zu Jom Kippur vorgeschrieben, fasteten alle den ganzen Tag, beteten und schrien zum Himmel. Sie hofften auf eine gute Einschreibung in das Buch des Lebens. Aber am nächsten

Tag trafen die Waggons doch ein. Alle mussten zurück in die Hamburger Kaserne und wurden in die Waggons getrieben. Sie kamen nach Auschwitz. Niemand von ihnen überlebte.

Bei uns im Block gab es zwei junge Paare, die sich ihre Ecken auf dem Dachboden etwas wohnlicher hergerichtet hatten. Das eine war ein Ehepaar Gans, er war Zahnarzt und sie Kosmetikerin. Das andere Paar waren Liza und Františ̌ek. Liza und Františ̌ek liebten sich mit einer wahnsinnigen Liebe. Er war ein großer breitschultriger Bursche, braungebrannt – anscheinend arbeitete er irgendwo draußen – mit blondem Haar. Liza war eine außergewöhnliche, sanfte Schönheit mit langen braunen Haaren. Obwohl nur wenige in Theresienstadt schwanger wurden – man sagte, es sei etwas im Essen, es kann aber auch einfach die Mangelernährung gewesen sein –, wurde Liza schwanger und bekam ein kleines Mädchen. Wir mussten das natürlich geheim halten, sonst wäre ihr das Kind sofort weggenommen und getötet worden. Zum Glück waren sie in ihrem Kumbal, wie die abgeteilte Mansarde auf den Dachböden hieß, einigermaßen geschützt. Das war kurz vor den Oktober-Transporten. Ihr Familienglück war nur von kurzer Dauer. Sie wurden beide dem Transport zugeteilt: Františ̌ek in einem Männertransport. Liza und ihr Kind zusammen mit den Frauen. Jetzt wurde ihr Kind entdeckt. Ich bin mir sicher, dass sie in Auschwitz mit ihrem Kind gleich vergast wurde. Einer von denen, die Auschwitz überlebten und nach Theresienstadt zur Endlösung zurückkamen, erzählte, dass die beiden Züge, in denen Frantiček und Liza waren, sich noch irgendwo auf der Strecke begegnet seien. Frantiček soll fast verrückt vor Schmerz gewesen sein, als er Liza im anderen Zug erblickte.

Zwei Transporte waren nur für Schwerkriegsbeschädigte und ihre Familien. Adolf Eichmann, der alle Transporte organisierte und der immer zwischen den Konzentrationslagern – Lodz, Terezin und anderen hin- und herfuhr, ließ sämtliche Schwerkriegsbeschädigten in die Kommandantur kommen. Er saß da mit seinen SS-Leuten und entschied, wer deportiert werden sollte. Auf seinen Wink gab es kein Entrinnen mehr. Besonders mein Vater, als Schwerkriegsbeschädigter mit nur einem Bein, glaubte, er würde niemals durch die Selektion kommen. Zufällig kam mein Vater zu einem SS-Mann, der ihm bedeutete, auch im Ersten Weltkrieg bei den Liegnitzer Grenadieren gedient zu haben. Der SS-Mann schickte ihn zu dem Fräulein an der Schreibmaschine. Mein Vater war so aufgeregt, dass er seine Karteikarte auch in den großen Sack steckte, wie alle Übrigen. Aber das Fräulein rief: „Sie sollen zu mir kommen!“ Mein Vater fischte die Karteikarte wieder aus dem Sack und ging zu ihr.

Die Männer überlegten die ganze Zeit, wer im Transport war: Diejenigen, die auf der kleinen Liste erfasst wurden, die das Fräulein an der Schreibmaschine tippte oder diejenigen, deren Karte im großen Sack landete. Sie glaubten, es war die Liste, aber es war der Sack. Das war unsere Rettung. Der SS-Mann rettete das Leben meines Vaters und damit auch das Leben meiner Mutter, meiner Schwester und meines, weil wir bei meinem Vater auf der Liste waren. Wenn ich schon sechzehn gewesen wäre, wäre ich nicht mehr geschützt gewesen, aber ich war erst dreizehn. Ein Kind, geschützt durch den Vater, gerettet durch den SS-Mann.

Auch das Ehepaar Gans war auf der Ersatzliste zum zweiten Schwerkriegsbeschädigten-Transport. Frau Gans überlebte und kam auf einem Fußmarsch von Auschwitz nach Theresienstadt zur Endlösung. Sie erzählte uns später, dass eine SS-Frau auf der Rampe in Auschwitz sie nach ihrem Beruf gefragt hätte. Sie antwortete ihr, sie sei Kosmetikerin und Friseuse. Da bestimmte die SS-Frau, sie solle neben ihr stehen bleiben, bis der Transport abgefertigt sei. Danach nahm sie Frau Gans mit zu sich. Sie musste auf der Erde vor ihrer Tür schlafen. Von da ab frisierte sie der SS-Frau die Haare, manikürte ihre Nägel und kümmerte sich um ihr Aussehen. Und sie sah, was mit den Kriegsbeschädigten passierte. Man nahm ihnen ihre Hilfsmittel – Rollstühle, Krücken, Stöcke – weg, verklebte die Eisenbahnwaggons von außen und leitete Gas in die Waggons, wo sie mit ihren Familien elendig erstickten. Als die das erzählte, sah ich meine Eltern an. Auch wir waren für diesen Zug bestimmt gewesen.

Bei den nächsten Transporten sollten sämtliche Jugendliche, darunter auch die Waisenkinder aus Hannover, nach Auschwitz gebracht werden. Alle, die ich noch kannte, waren dabei. In einer langen Schlange standen sie vor dem Torbogen und warteten auf ihr Schicksal. Ein Junge, den ich noch aus Hannover kannte, sah mich und rief mir zu: „Margot, soll ich Ossi von dir grüßen, wenn ich in Auschwitz bin?" Ich wusste doch, dass Ossi längst vergast und verbrannt war und dass diese Jugendlichen eigentlich auch schon so gut wie tot waren. Ich schämte mich so sehr, weil ich noch lebte und sie in den Tod gingen: Das war zu viel für mich. Ich versteckte mich hinter einer Säule, damit mich niemand sah. Ich fühlte mich ganz elend. Ich war auf der Liste meines Vaters, aber diese unschuldigen Kinder hatten keinen Vater, der sie hätte schützen können. Das war nicht gerecht.

Ein Junge von der Transporthilfe rief mir zu: „Margot, willst du nicht mehr tragen? Wir müssen doch endlich weitermachen!" Aber ich wollte nicht, ich schämte mich zu sehr. In einem anderen Transport sah ich einen ehemaligen jüdischen Gestapospitzel aus Hannover mit seiner Frau und seinen Töchtern. Jeder aus Hannover kannte ihn, und auch ich wusste, dass er viele Juden an die Gestapo verraten hatte. Das schützte ihn jedoch nicht davor, wie all die anderen mit seiner Familie nach Theresienstadt deportiert zu werden. Nun sollte er also nach Auschwitz kommen. Offensichtlich wollte er beim Abtransport die SS noch einmal auf die ehemals gute Zusammenarbeit aufmerksam machen. Ich sah, wie er aus der Reihe heraustrat und zu Rudolf Haindl, dem Vertreter des Lagerleiters, ging. Niemand hätte sich getraut, den Mann mit Pistole, Peitsche und Hund anzusprechen. Ich war zwischen den Säulenhallen zu ihnen hingeschlichen, um genau zu hören, was vor sich ging und vor allem, was der Gestapospitzel sagen würde. Es klang wie: „Ich habe der Gestapo in Hannover so gute Dienste geleistet und würde gern für die Kommandantur das Gleiche tun, wenn sie mich aus dem Transport herausnehmen würden." Aber Haindl richtete abweisend seine Peitsche auf ihn und der Spitzel trat in seine Reihe zurück. In dem Moment kam mir der SS-Mann Haindl wie der Erzengel Gabriel vor. Ich fand es nur gerecht. Dieser Spitzel hatte den Nazis zahlreiche Juden verraten. Jetzt kam er wie alle anderen nach Auschwitz.

Manche dachten an Flucht, aber aus Theresienstadt gab es kein Entkommen. Von der Festung Theresienstadt führten wohl unterirdische Gänge bis nach Prag. Einige tschechische Juden wussten davon und versuchten, nach Prag zu entkommen. Aber die Tschechniks kannten die unterirdischen Gänge auch und verrieten sie den Deutschen. So wurden die tschechischen Juden, die glaubten, entkommen zu sein, gleich von den Deutschen in Empfang genommen und erschossen.

Nach den zehn Transporten war Theresienstadt

leer, fast wie ausgestorben. Es gab keine Juden mehr im Reich für neue ankommende Transporte. Es gab nur noch einzelne, die man aufgegriffen hatte. Sie hatten nichts mehr als ihr armes Leben. Daher gab es in Theresienstadt auch keine Schleuse mehr. Wir von der Kanzlei empfingen diese Menschen, gaben ihnen die erste Ration Brot, Margarine und Zucker und führten sie in ihre Unterkünfte. Dafür bekam ich ein Drittel Leberwurst oder Rotwurst aus einer kleinen Dose. Das war das einzige Fleisch, das ich in all den Jahren gesehen habe.

Es waren seltsame Gestalten, die nun ins Lager kamen. Manche hatten sich bis jetzt verstecken können; andere konnten ihre jüdische Herkunft verschweigen oder wussten selbst gar nichts davon. Da war eine Hafenhure aus Kiel, mit einem Kleinkind und einer Tochter namens Gisela. Sie hatte genau mein Geburtsdatum, aber sonst unterschied sie sich völlig von mir. Sie war bei einem Bauern aufgewachsen und groß, dick, blond, blauäugig. Niemand ahnte im Hafen, dass ihre Mutter eine Jüdin war. Doch obwohl wir so verschieden waren, fühlte sie sich mir nahe. Mir, dieser verhungerten Gestalt, die ich nur noch wie ein Schatten meiner selbst war. Aber am merkwürdigsten waren die Mischlingskinder die nichts über ihre jüdischen Wurzeln wussten. Sie waren als „stolze Arier" aufgewachsen, wurden als gleichwertig akzeptiert und hatten selbst die Juden verfemt und verurteilt. Nun aber wurden sie von ihren Freunden verstoßen und aus der Partei ausgeschlossen. Sie erlebten den Irrwahn der Nazis am eigenen Leibe. Das musste auch ein Junge erfahren, der erst Ende 1944 nach Theresienstadt kam. Dieser Junge war einst glühender Nazi gewesen und hatte es bis zur Leibstandarte Adolf Hitler gebracht. Ausgestattet mit schwarzer Uniform und Hakenkreuz hatte man entdeckt, dass seine Mutter Jüdin war. Auf der Kommandantur sagte man ihm, er könne von seinen Sachen etwas behalten als Verdienst für seinen Einsatz für Adolf Hitler. Er wählte das Totenkopfabzeichen von seiner Mütze. Dieser Junge hatte die Nazi-Propaganda geglaubt und musste nun einsehen, dass nichts davon wahr war.

Dann wieder kamen Juden, die sich fast bis zuletzt versteckt hatten: Sie waren schmutzig, mager, abgerissen. Und es gab jene, die lange von Nazis beschützt wurden – wie jene elegante Dame mit ihren zwei Kindern. Ich starrte sie an, als ich sie erblickte. Während ich in zerrissenen Lumpen herumlief, stieg nun aus einem Sonderzug eine so unglaublich schön gekleidete Frau aus. Sie hatte all ihre Sachen behalten dürfen und es waren so elegante Dinge: Hausschuhe, Schlafröcke, Kleidung, Schuhe. Sie war einst die Geliebte eines Gestapoleiters aus Hamburg. Er hatte sie geschützt, so lange er konnte. Vielleicht hatte er auch tatsächlich geglaubt, dass es ihr in Theresienstadt, dem „Vorzeigelager der Nazis", besser als in einem anderen Lager ergehen würde. Aber es ist tragisch, wenn die Nazis ihrer eigenen Propaganda nicht trauen konnten. Seiner Geliebten erging es nicht besser als den anderen. Sie blieb nicht lange. In einem der nächsten Transporte nach Auschwitz war sie dabei.

Der Anfang vom Ende

Aber nun – Ende 1944/Anfang 1945 kamen neue Transporte nach Theresienstadt. Zuerst traf eine Gruppe ungarischer Juden aus einem Lager bei Wien ein. Es waren nur Frauen und Kinder. Die Männer hatte man nach Russland geschickt, als Kugelfang vor die deutsche Front. Nach wochenlangen Märschen wurden sie in Waggons verladen und erreichten aufs Schrecklichste aussehend das Lager. Dann, Anfang 1945, häuften sich die Transporte. Von allen Seiten kamen offene Güterwagen, in denen die Menschen wochenlang unterwegs gewesen waren. Sie mussten auf dem Weg ohne Essen und Trinken ausharren. Manche von ihnen hatten vor lauter Verzweiflung begonnen, die Toten zu essen. Sie waren hungrig, verdreckt und litten unter Durchfall und Typhus. Diese Menschen hatten wirklich Schlimmes durchgemacht. Sie kamen aus Dachau, Buchenwald, Auschwitz und anderen Lagern. Jetzt füllten sie die Kasernen und die Plätze in Theresienstadt. Halbtot lagen sie auf dem Boden und warteten auf ihr Ende. Es wurden noch zusätzliche Latrinen gegraben, aber kaum jemand konnte sich noch erheben, um seine Notdurft zu verrichten. Es kam noch schlimmer: Jetzt erreichten auch noch die Häftlinge das Lager, die man auf Fußmärsche geschickt hatte. Auch sie waren wochenlang unterwegs gewesen. Die Überlebenden sahen schon nicht mehr wie Menschen aus. Trotzdem mussten sie sich in Leitmeritz, einer kleinen Stadt in der Nähe von Theresienstadt, auf dem Marktplatz aufstellen. Die Bewohner von Leitmeritz waren evakuiert worden, stattdessen wohnten jetzt SS-Leute da. Diese schossen von den Fenstern auf die armen Menschen. Auch Frau Gans, die Kosmetikerin aus Auschwitz, befand sich darunter. Ihr wurde in den Rücken geschossen, aber sie schaffte es noch bis ins Lager. Theresienstadt war nun voll mit den elendsten Gestalten. Zusammen mit ihnen sollten wir alle in einer „Endlösung" vergast werden. Auf der Bastei wurden schon die Gaskammern gebaut. Aber da kam ein weißer Wagen mit Angehörigen vom Schweizer Roten Kreuz[10]. Ich sah, wie er direkt zur Kommandantur fuhr. Die Vertreter schlugen den SS-Leuten vor, sie mitzunehmen und sie auf diese Weise vor den russischen Soldaten, die auf dem Anmarsch waren, zu retten. Als Gegenleistung mussten sie nur durchgeben, dass das Gas nicht angekommen sei und die Juden nicht vergast werden könnten. Wir fragten uns, woher die Schweizer von dem Gas wussten. – Jedenfalls ließ sich die SS auf dieses Geschäft ein und zog mit dem Schweizer Wagen ab. So wurden wir nicht vergast.

In einem der Transporte aus Ungarn befand sich auch ein Junge, der in unseren Block kam. Er hieß Mihaly Kovac. Er war groß und schlank und trug eine hohe ungarische Pelzmütze. Ich war ja nun in Theresienstadt eine „wichtige Persönlichkeit". Ich war drei Jahre da – länger als die meisten im Lager – hatte alle Passierscheine und konnte alles besorgen, was benötigt wurde. So bat mich Mihaly um eine Decke. Doch die Decken wurden nur an Alte ausgegeben, weil nicht genug vorhanden waren. Aber da er mich so nett darum gebeten hatte, besorgte ich ihm eine. Dann kam er wieder. Er hatte keinen Blechnapf für die Suppe und auch diesen beschaffte ich ihm. Von da an war er mein erster Freund und wir gingen abends im Block herum. Weil man nicht herausgehen konnte, waren innerhalb des Blocks Durchgänge in die Wände geschlagen worden. Ein einziges Mal küsste er mich sanft aufs Haar. So einen Moment der Romantik hatte ich noch nie in meinem Leben erlebt. Und auch ein wenig Ungarisch brachte er mir bei. Für mehr hatten wir keine Zeit.

Tatsächlich kamen die Russen einige Zeit später. Sie wussten scheinbar gar nichts von der Existenz unseres Lagers. Aber die Tschechniks, die das Lager von außen bewachten und wohl dachten, dass jetzt die Zeit wäre, die Seiten zu wechseln, riefen sie herbei.

Die kräftigen Soldaten kamen herein und sahen etwas, auf das sie überhaupt nicht vorbereitet waren. Auf allen Plätzen lagen Kranke, Sterbende und Leichen. Aus Angst, dass sich Typhus verbreiten würde, schlossen sie das Lager gleich wieder. So waren wir zwar befreit, aber noch nicht frei. Doch sie brachten uns Tee – richtigen schwarzen Tee – und sie gaben uns Graupensuppe – richtige, kräftige Graupensuppe. Drei Jahre gab es nur Wasser mit Kümmel und nun aßen wir die erste richtige Mahlzeit. Es war der Abend des 8. Mai 1945 – der Abend der Befreiung.

Drei Jahre hatte ich kein Fleisch gesehen, keinen Fisch, keine Butter, keinen Käse, keine Eier, kein Gemüse, kein Obst, kein richtiges Brot – überhaupt nichts, was man normalerweise als Nahrungsmittel ansah. Die meisten, die in Theresienstadt gewesen waren, lebten nicht mehr. Alle haben so schrecklich gehungert. Und nun bekamen wir Graupensuppe! Sie gab mit Kraft und ein Stück neue Hoffnung zurück.

Nur wo war die Freude, die ich hätte spüren müssen? Da war kein großes Glücksgefühl, kein Gefühl des Sieges, dass man den Krieg überstanden hat. Vielleicht hätten wir es gehabt, wenn die Befreiung früher gekommen wäre. Aber nun: kein Jubel, keine Freudentränen, kein Aufatmen. Wir waren schon zu abgestumpft, zu viele waren tot. Zu viele Menschen hatte ich sterben sehen. Und wir Lebenden? Ich lebte zwar, aber wie sah ich aus? Ich war ein Wrack und von den Toten äußerlich kaum noch zu unterscheiden. Die Befreiung kam zu spät – aber sie kam.

Die Russen beschlossen, die Quarantäne zu lockern und uns doch für einen Tag aus dem Lager zu lassen. Man konnte in die nächsten Orte Bauschowitz oder Leitmeritz (Litomerice) gehen. Natürlich musste ich erst noch die Listen fertig schreiben. Die Nazis waren zwar weg, aber die Jüdische Selbstverwaltung, die ihren Sitz in der Magdeburger Kaserne hatte, ging ihrer Arbeit nach. Wir mussten genauestens festhalten, wer noch am Leben war.

Dieser Tag, an dem uns die Russen Ausgang gewährten, war daher ein ganz normaler Kanzleitag für mich. Es war der 10. Mai 1945. Ich war nun keine Gefangene mehr, aber ich fühlte mich der Arbeit so verpflichtet, dass ich sie unbedingt zu Ende bringen wollte. Gisela und noch zwei andere Mädchen, auch Mischlinge, die kürzlich gekommen waren, wollten mit mir zusammen nach Leitmeritz gehen, aber ich konnte erst nach 18 Uhr. So kamen sie zur vereinbarten Zeit wieder und holten mich ab. Es war das erste Mal nach drei Jahren, dass ich das Lager verließ. Mir war sehr seltsam zumute. Erst schien noch die Sonne, aber dann wurde es dunkel und ein riesiger roter Vollmond zeigte sich am Himmel. Rechts und links am Straßenrand standen die Wagen und Panzer der Roten Armee. Ab und zu warfen uns die Soldaten Zigaretten von den Panzern zu. Ich hob sie für meinen Vater auf. Es war ein unbeschreibliches Gefühl, frei auf einer Landstraße zu gehen. Zuweilen kamen uns deutsche Soldaten entgegen. Die Russen hielten sie an, zogen ihnen die Stiefel aus und gleich sich selbst an, dann konnten die Deutschen weitergehen. Ich betrachtete die Stiefel der Russen. Sie waren wirklich völlig zerfetzt. Meine Schuhe waren auch nicht besser, aber so etwas hätte ich mich nie getraut. Es war ein weiter Weg, aber endlich kamen wir in Leitmeritz an. In der Mitte war ein Marktplatz mit einem schön ziselierten, eisernen Brunnen. Ringsherum Häuser und Geschäfte. Wir sahen geradeaus ein Kleidergeschäft. Neue Kleider wären nicht übel gewesen. Doch die Frauen aus anderen Lagern hatten wohl die gleiche Idee. Sie zogen sich an Ort und Stelle aus und ließen ihre schmutzigen, zerrissenen und verlausten Kleider gleich da liegen. Ich beschloss, dass mir meine eigenen Läuse genügten und wollte deswegen weitergehen. Doch dann sah ich auf der gegenüberliegenden Seite ein Lebensmittelgeschäft. Das Schaufenster und der Laden waren bereits leer geräumt. Aber im Hinterraum hörte man Leute. Wir gingen hinein und sahen Frauen, die die großen Schubladen herausgezogen hatten, in denen sich Mehl, Zucker und Puddingpulver befand. Sie hatten Tüten gefunden und schaufelten den Inhalt dieser Schubladen hinein. Die drei Mädchen, mit denen ich gekommen war, nahmen sich eine Trage und begannen gleichfalls, Tüten zu füllen. Ich stand nur da und schaute umher. Drei Jahre war ich in Gefangenschaft gewesen. Ich überlegte, was sich wohl in der Welt getan hatte. Auf einmal verschwand Gisela und kam nach einiger Zeit mit zwei Flaschen Schnaps und einem Topf Fett zurück. „Ich bin von einem Bauernhof. Ich weiß, wo man so etwas versteckt", sagte sie. Die Sachen wurden sorgfältig unter den Tüten verborgen. Plötzlich stieß jemand mit großem Gepolter die Tür auf. Zwei riesige, massige Russen kamen herein. Sie gingen direkt auf den kleinen wackligen Tisch in der Mitte des Raumes zu. Auf diesem Tisch standen zwei große Flaschen mit Abfüllhähnen, eine Flasche Maggi und eine Flasche Himbeersirup. Sie nahmen jeder eine Flasche, schraubten sie oben auf und tranken den Inhalt – Maggi und Himbeersaft. Ich starrte sie an. Ich konnte mich vage an den Geschmack von Maggi erinnern und wunderte mich über die Vorlieben der Soldaten. Das konnte nicht gut schmecken. Inzwischen hatten auch die anderen Mädchen mit dem Eintüten aufgehört und starrten die Männer ungläubig an. Dann stellten sie die Flaschen wieder hin und verließen den Raum, ohne uns zu beachten. Und die Frauen tüteten weiter ein. Als die Trage voll war, überlegten wir zurückzugehen. Wir versuchten die Trage hochzuheben, und schafften es gerade noch hinaus. Doch dann mussten wir einsehen, dass wir die Trage wohl viel zu schwer beladen hatten. Der Zufall führte zwei junge Männer in unsere Richtung. Sie waren noch einigermaßen bei Kräften und brauchten wohl auch ihrerseits etwas Unterstützung: „Wir haben ein Funkgerät entdeckt, aber wir befürchteten, dass die Russen es uns wegnehmen werden, sobald sie es entdecken. Wenn wir das Gerät unter den Tüten verstecken könnten, tragen wir sie euch." Das war eine willkommene Hilfe, die wir gerne annahmen. Inzwischen war es dunkle Nacht geworden und wir waren froh, dass die beiden Männer uns halfen. Es war die Nacht vom 10. auf den 11. Mai 1945. Unterwegs machten wir ein oder zwei Mal Pause – Zigarettenpause, wie die jungen Männer sagten. Ich wollte die Zigaretten, die uns die Russen zugeworfen hatten, eigentlich lieber für meinen Vater aufheben, aber alle sagten: „Wir rauchen alle, du musst auch rauchen." So stand ich also – gerade 14 Jahre alt – in dunkler Nacht mit einem riesengroßen roten Mond am Himmel auf der Landstraße zwischen Leitmeritz und Theresienstadt. Ich war zusammen mit zwei jungen Männern, die ich nicht kannten und drei Mädchen, die ich auch kaum besser kannte, zwischen russischen Wagen und Panzern und rauchte die erste Zigarette meines Lebens. Es war der erste Tag in Freiheit nach drei Jahren Inhaftierung. Das alles war so irreal, dass ich es selbst nicht glauben konnte. Das Ganze war wie ein Traum, aus dem ich niemals aufwachen wollte.

Übrigens teilte Gisela nachher alles ehrlich, auch das Fett. Nur die Schnapsflaschen nicht: Eine gab sie ihrer Mutter – weil sie so gern Schnaps trank, und eine gab sie den jungen Männern für das Tragen. Ich war sowieso nicht so sehr auf den Schnaps erpicht. Im Lager warteten meine Eltern schon. Obwohl ich vorher auch schon selten in unserem Block war, machten sich meine Eltern plötzlich doch Sorgen um mich. Ich gab meinem Vater die Zigaretten und meine Mutter bekam die Lebensmittel.

Kurze Zeit, bevor die Russen kamen, hatten sich ungarische Offiziere in Häusern versteckt, die nicht mehr zum Lager gehörten. Als dann die Russen näher kamen, flüchteten sie weiter. Sie gehörten anscheinend zu den berüchtigten ungarischen SS-Einheiten. Als sie weg waren, nahmen mich Herr Katz und Frau Kober mit hinüber zum Aufräumen. Die Soldaten hatten einige Sachen zurückgelassen und jeder von uns nahm sich etwas. Es war wie ein Souvenir: Friedel, der Sohn von Frau Dr. Kober, nahm sich einen ziselierten ungarischen

Offiziersdegen und ich mir eine kleine ungarische Reiseschreibmaschine. Wieder fanden wir einen Topf Fett, den wir uns alle teilten. Meine Arbeit ging weiter. Ich weiß gar nicht, warum wir uns so verpflichtet fühlten, die Verwaltungsarbeit zu beenden.

Aufbruch zurück

Am 16. Juni 1945 war es dann so weit. Ein „Mischling“[11], der in einer Firma in einer kriegswichtigen Position tätig war und dessen Mutter sich auch in Theresienstadt befand, wollte sehen, ob sie noch lebte. Da Deutschland in Besatzungszonen eingeteilt war, konnte er selbst nicht nach Theresienstadt kommen. Aber man sagte ihm, wenn er Busse mit Tschechen von Bergen-Belsen nach Prag bringen würde, könnte er auf dem Rückweg deutsche Juden aus Theresienstadt nach Deutschland mitnehmen. So geschah es und wir fuhren auch mit. Die Russen hatten in einer Baracke eine Ambulanz eingerichtet, wir wurden auf Flecktyphus untersucht und bekamen rosa Ausweise und Armbinden. Endlich konnten wir Theresienstadt verlassen. Auf den Ausweisen stand erstmals wieder mein Name. Von diesem Moment an war ich keine Nummer mehr. Von nun an war ich wieder Margot Kreuzer.

Man machte uns noch darauf aufmerksam, dass in Deggendorf in Bayern ein Lager für Auswanderungswillige bestand. Aber Papa wollte lieber nach Hannover zurück. Ganz im Gegensatz zu mir: Ich wollte lieber auswandern. Mein Vater dachte, dass er in Hannover wieder als Beamter bei der Reichsbank arbeiten könnte. „Vor dem Krieg wollte uns kein Land haben. Jetzt, wo wir so elend aussehen, wollen sie uns wahrscheinlich noch viel weniger", war seine Begründung, Deutschland nicht zu verlassen.

So stiegen wir in die Busse. Wir waren etwa zwölf Überlebende aus Hannover und Bremen. Bei Straßenkontrollen hielten wir die rosa Ausweise an die Fenster und wurden durchgewinkt. In Dresden machten die Busse Halt. Dresden war zerstört. Zu unseren Füßen ragte ein Wasserrohr, aus dem Wasser floss. Da kam eine junge Frau mit Bechern zu uns gelaufen und fragte, ob wir Wasser trinken wollten. In der großen schönen heilen Stadt Dresden hatte man kein Wasser für uns gehabt. Jetzt, wo Dresden zerstört war, bot man uns Wasser an. Ich dachte: Wie sich doch manches ändert!

Nach einer langen Fahrt kamen wir in Hannover an, der Busfahrer setzte uns vor dem Rathaus ab und fuhr weiter in die nächsten Städte.

Da standen wir nun – zehn elende, erbärmliche Gestalten. Jemand kam die Treppen hinunter und sah uns. Wir wurden zu einem beschlagnahmten Haus eines Gauleiters in Kleefeld, einem Stadtteil von Hannover, gebracht. Allerdings wohnten seine Frau und die Tochter noch dort. Im Obergeschoß wurden Betten aufgestellt und man ließ uns allein. Wir hatten jetzt ein Dach über dem Kopf. Aber sonst hatten wir gar nichts: kein Geld, nichts zu essen, keine Kleidung – nichts. Eine von uns war eine zum Katholizismus konvertierte Jüdin. Sie ging zu einem Franziskaner-Kloster ganz in der Nähe auf der

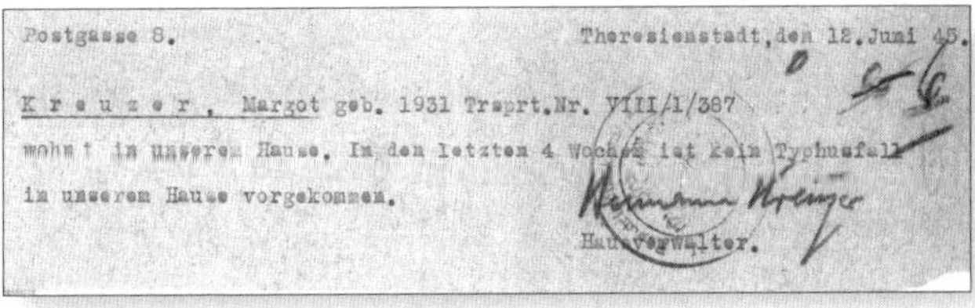

Postgasse 8. Theresienstadt,den 12.Juni 45.

K r e u z e r , Margot geb. 1931 Trsprt.Nr. VIII/1/387
wohnt in unserem Hause. In den letzten 4 Wochen ist kein Typhusfall
im unserem Hause vorgekommen.

Hermann Kreuzer
Hausverwalter.

Kein Typhus – ich darf das KZ verlassen.

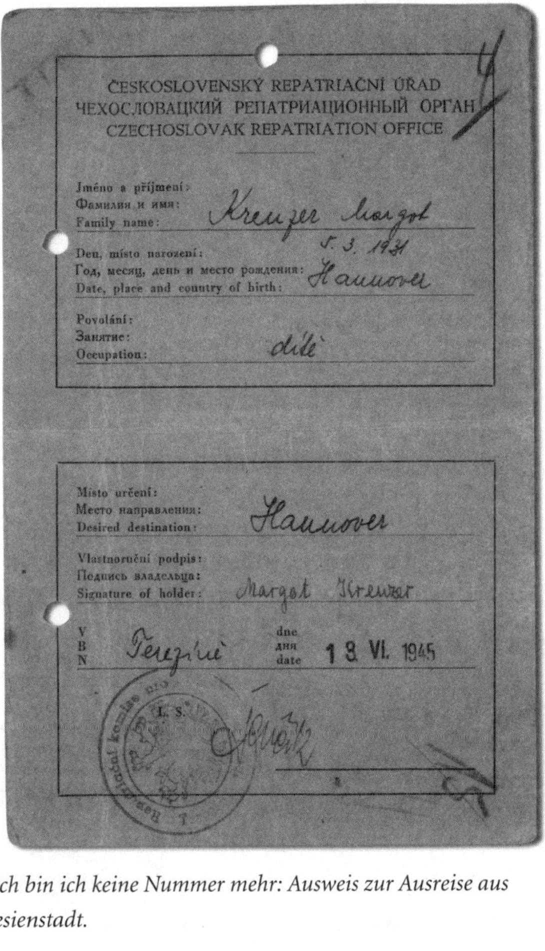

ČESKOSLOVENSKÝ REPATRIAČNÍ ÚŘAD
ЧЕХОСЛОВАЦКИЙ РЕПАТРИАЦИОННЫЙ ОРГАН
CZECHOSLOVAK REPATRIATION OFFICE

Jméno a příjmení:
Фамилия и имя:
Family name: Kreuzer Margot

Den, místo narození:
Год, месяц, день и место рождения:
Date, place and country of birth: 5. 3. 1931 Hannover

Povolání:
Занятие:
Occupation: dítě

Místo určení:
Место направления:
Desired destination: Hannover

Vlastnoruční podpis:
Подпись владельца:
Signature of holder: Margot Kreuzer

V
В
N Terezíně

dne
дня
date 13. VI. 1945

L. S.

Endlich bin ich keine Nummer mehr: Ausweis zur Ausreise aus Theresienstadt.

Marienstraße und schilderte unsere Lage. Die Mönche halfen, wo sie konnten. Sie brachten uns nun täglich morgens heißen Tee, mittags und abends auch heiße Suppe und Brot. Mein Vater ging zu Fuß mit seinem Holzbein vom Kleefelder Bahnhof zum Aegidientorplatz zur Reichsbank und wurde auch wieder als Beamter eingestellt, allerdings in seiner Anfangsposition als Inspektor. Später wurde er zwar noch Oberinspektor. Aber die anderen, die Nazis, waren in den Jahren Direktoren geworden. Mein Vater bekam wohl auch einen Vorschuss, sodass er mit der Straßenbahn fahren konnte. Aber seine Familie ernähren, wie er sich das vorgestellt hatte, konnte er von den 700 Reichsmark nicht. Die Läden waren leer, es gab nichts zu kaufen und auf dem schwarzen Markt kostete schon ein halbes Pfund Butter 500 Reichsmark.

Ich bat meine Eltern, mich in einer Schule anzumelden. Sie meldeten mich in der Sophienschule, einem altsprachlichen Gymnasium, an. Ich wurde geprüft, angenommen und kam in eine A-Klasse. In den B-Klassen waren Schüler, die keinen Unterricht gehabt hatten. In den A-Klassen Schüler, die in einem Flaklager[12] gewesen waren und dort auch normalen Schulunterricht gehabt hatten. Ich war drei Monate in der Sophienschule, aber es war ein unmöglicher Zustand. Die Kinder waren gegen Juden aufgehetzte Nazikinder, die Lehrerinnen dachten genauso. Zwischen mir und den anderen Kindern war ein breiter Fluss – wir kamen nicht zu-

Zuteilungskarte vom Jüdischen Komitee, 1946.
Jede Ration wurde abgestempelt. Die Lebensmittel kamen vom AJDC (American Joint Distribution Commitee).

Überlebende in Ahlem.
(3.v.re: Nissim Tikocinski, Margot Kreuzer 4. v. li)

einander. Auch sah ich wohl nicht so aus wie die anderen Kinder. Ich war verhungert, mit kurzen Haaren und abgerissener Kleidung. Ich trug immer noch die Lagerkleidung, die ich drei Jahre lang an mir hatte. Zurück in Hannover lief ich noch viele Monate so herum. Dann kam ein Schaliach, ein Abgesandter aus Israel, um sich um die überlebenden Kinder aus den Lagern zu kümmern. Das Gebäude in der Ohestraße wurde der Gemeinde zurückgegeben und Nissim Tikocinski, so hieß er, richtete Unterrichtsräume ein, kümmerte sich um überlebende Lehrer und um eine Schulspeisung. Es war alles sehr schön organisiert, nur wanderten sowohl die Kinder wie auch die Lehrer aus, denn keiner wollte in Deutschland bleiben. So blieb nur der Iwrith-/Hebräisch-Unterricht übrig, den Herr Tikocinski selbst gab. Schließlich wurden die Gebäude der jüdischen Gartenbauschule in Hannover – Ahlem an die Gemeinde zurückgegeben und der Unterricht fand nun dort statt. Herr Tikocinski hatte noch eine zweite Aufgabe: Junge Juden aus Russland wurden nach Palästina geschleust, um in einen Kibbuz zu gehen. Sie wurden von Stützpunkt zu Stützpunkt transportiert, bis in Bari ein Schiff für sie bereit lag. Dann setzte man sie in einen Zug nach Bari. Bis dahin aber lebten sie in Ahlem, lernten Iwrith, bauten einen Cheder Ochel (Speisesaal), kochten und heirateten mitunter. Es war eine sehr lustige Zeit – die einzige Zeit, in der ich jung sein durfte. Ich wollte auch so gern mit einem Schiff mitfahren, aber mein Vater erklärte mir, dass die meisten Schiffe von den Engländern abgefangen würden, in Zypern landeten und die Leute wieder in Lager kämen.

Die Engländer – Hannover war ja englische Besatzungszone – setzten einen Rabbiner ein: Rabbi Lubinski. Er kam aus Russland und war für Lower Saxony, also Niedersachsen, zuständig. Er fragte meinen Vater, der immer zu ihm zum Beten kam, ob er jemanden wisse, der für ihn auf der Schreibmaschine schreiben könnte. Mein Vater sagte: „Meine Tochter kann Schreibmaschine schreiben." So fuhr ich also jetzt immer zum Rabbinat und schrieb alles, was zu schreiben war – auf Deutsch und auf Englisch. Die Agudah Israel schickte Pakete mit koscheren Lebensmitteln für religiöse Juden nach Deutschland. Jede Familie bekam ein Paket pro Monat. Ich bekam als Entgelt für meine Arbeit vier Pakete pro Monat. In den Paketen befanden sich Haferflocken, Dosenfleisch, Fisch, Fett, Gemüse und koschere Seife. Auf diese Weise hatte unsere Familie etwas zu essen. Inzwischen wurde in Hannover eine Niederlassung des American Joint Distribution Commitee gegründet. Auch ihr Ziel war es, den Juden in Hannover, die aus dem nahe gelegenen KZ Bergen-Belsen oder aus anderen Lagern gekommen waren, durch Spenden zu helfen. Herr Lipshitz von der Agudah und Nissim Tikocinski gehörten ebenfalls diesem Komitee an. Sie fanden beide, dass ohne mich nichts laufen würde. So verfügten sie über

Überlebende aus den Lagern in Hannover-Ahlem (Margot Kreuzer 2 v. re.).
Die Kleider wurden für uns genäht, damit wir nicht mehr in Lagerkleidung laufen mussten.

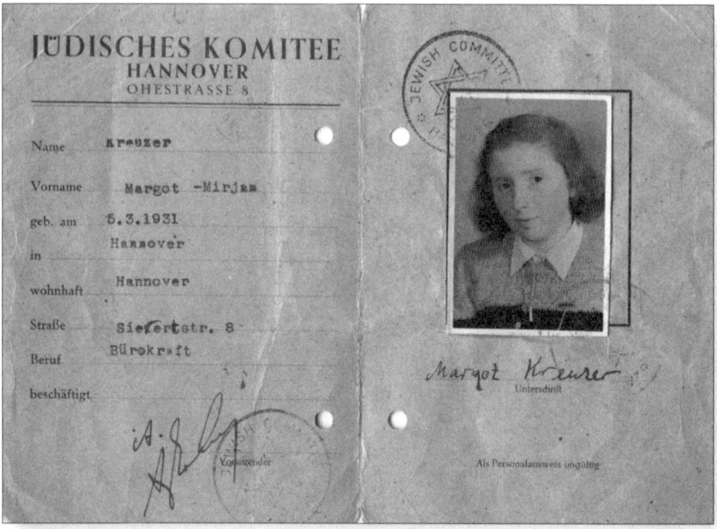

JÜDISCHES KOMITEE
HANNOVER
OHESTRASSE 8

Name Kreuzer
Vorname Margot -Mirjam
geb. am 5.3.1931
in Hannover
wohnhaft Hannover
Straße Siefertstr. 8
Beruf Bürokraft
beschäftigt

i.A.
Vorsitzender

JEWISH COMMITTEE

Margot Kreuzer
Unterschrift

Als Personalausweis ungültig

Arbeitsausweis für das jüdische Komitee, 1947.

mich, ohne mich, aber – was noch viel schlimmer war – ohne mit meinem Chef, dem Rabbiner, zu sprechen. Der war zu diesem Zeitpunkt in Schweden, um dort zu heiraten. Ich verstand den ganzen Aufruhr um mich nicht. Doch langsam begriff ich, dass mir mein Unterricht bei den vielen klugen Menschen im Lager und das Listenschreiben in der Kaserne nun von Vorteil war. Ich sprach fehlerlos Deutsch, während die meisten der Überlebenden aus Osteuropa kamen. Von denen konnte niemand weder Deutsch sprechen noch schreiben – ich sprach außerdem noch Englisch, Jiddisch und etwas Hebräisch und ich konnte mit der Schreibmaschine umgehen. Also bekam ich eine Mitteilung, dass ich als Sekretärin und Übersetzerin im Komitee eingestellt war: Dabei hatte ich mich gar nicht um diese Stelle beworben. Ich war damals gerade 15 Jahre alt. Wie gerne hätte ich meine Kindheit nachgeholt, wäre noch zur Schule gegangen oder wäre gereist. Stattdessen war ich jetzt gefangen in den Zwängen der Familie, die ich ernährte, und der Organisation, die mich brauchte. Herr Lipshitz besorgte mir einen Schreibmaschinentisch, eine schöne „Ideal"-Schreibmaschine, Papier, Kuverts und alle nötigen Dinge. Nun war ich also Sekretärin geworden. Doch jetzt ging der Streit um mich, oder vielmehr um meine Arbeit, erst richtig los. Jeder meinte, er hätte eine richtige Sekretärin verdient, und versuchte, um mich zu buhlen. Diese Männer waren die reinsten Zankhähne. Wenn ich morgens im Komitee ankam, wusste ich oft nicht, wo denn jetzt mein Schreibtisch stand. Ich hatte für alle zu schreiben und jeder glaubte, über mich verfügen zu können. Lipshitz wollte Übersetzungen aus dem Jiddischen, Tikocinski Übersetzungen aus dem Hebräischen und vor dem Zimmer standen zahlreiche überlebende KZ-Häftlinge Schlange, die auch etwas von mir geschrieben haben wollten. Wenn Sitzung war – und die fanden oft statt –, hatte ich das Protokoll zu führen und anschließend zu tippen. Ich war im Hamsterrad und wurde eigentlich nie fertig. Doch wir brauchten die Bezahlung. Ich bekam schließlich als Entlohnung den Gegenwert von 350 Dollar in Lebensmitteln. Das war jede Woche eine riesige Ration, von der meine Familie gut leben konnte. Unter anderem gab es ungerösteten Kaffee und zwei Stangen Zigaretten. Meine Mutter konnte dafür auf dem Schwarzmarkt Geschirr und Töpfe eintauschen. Natürlich lieferte ich brav alles zu Hause ab. Ich wäre nie auf die Idee gekommen, von meinem Lohn etwas für mich zu behalten.

Wenn ich dann doch noch Zeit hatte, fuhr ich mit der Straßenbahn nach Ahlem. Die Jungs dort gaben mir Obst von ihrer Ernte und so konnte ich meinen Eltern sogar frisches Obst mitbringen.

Im Komitee gab es einen großen Raum, in dem die Lebensmittel abgewogen und eingetütet wurden. Manchmal ging ich zu den Jungs, die dort arbeiteten, und half ihnen. Das war eine willkommene

Grußkarte vom jüdischen Komitee 5708, 1947.

Abwechslung und machte richtig Spaß. Aber kaum sah mich Lipshitz, holte er mich sofort weg. Er dachte, die Jungs hätten mich zum Helfen aufgefordert und würden „seine" Sekretärin ausnutzen. Dabei verstand er gar nicht, dass ich eigentlich noch ein Kind war und einfach nur ein bisschen Spaß haben wollte. Inzwischen gab es sogar einen koscheren Schlachter in Hannover und ich bekam zusätzlich jede Woche koscheres Fleisch als Zuteilung. Für meinen Vater war all dies ein Beleg dafür, dass seine Entscheidung, nach Hannover zurückzukehren, richtig gewesen war. Er sah nicht, dass dies auf meine Kosten ging, aber das wollte ich ihm auch nicht sagen. Das hätte ihn zu sehr gekränkt. Ich spielte die brave Tochter und wusste nicht, was das noch für Folgen für mich haben würde.

Doch nun kam der Rabbiner aus Schweden wieder. Tosend vor Wut lief er durch die Räume und rief: „Man hat mir meine Sekretärin gestohlen." Damit war ich gemeint. Man versuchte ihn zu beruhigen, er gehöre doch auch zum Komitee – aber es half nichts. Letztendlich fand man eine Lösung: Ich sollte von 9 Uhr vormittags bis 3 Uhr nachmittags im Komitee sein. Dann schickte der Rabbiner einen Wagen, damit ich bei ihm weiterarbeiten konnte. Der Kompromiss ging absolut zu meinen Lasten. Allerdings bekam ich auch von beiden Seiten Lebensmittel als Entlohnung, die ich meiner Mutter gab.

In der Zwischenzeit waren wir nun auch in eine Wohnung gezogen. Es gab ein Gesetz, dass jeder

Heimkehrer die zuletzt von ihm bewohnte Wohnung zurückbekommen sollte. Aber in der Yorckstraße, in der Wohnung, in der wir zuletzt gelebt hatten, wohnte eine junge Frau mit mehreren kleinen Kindern. Sie sagte, ihr Mann sei in Russland und sie ziehe nicht aus. So waren wir noch weitere sechs Monate in der Notunterkunft. Aber dann kam eines Tages die junge Frau doch zu uns und sagte, sie habe eine Zuteilung auf ein kleines Reihenhaus in Kleefeld von der Baugenossenschaft erhalten. Da sie nicht umziehen wolle, könnten wir das Haus haben.

Es war wirklich sehr klein. Im Erdgeschoss waren nur Keller und Waschküche, im ersten Obergeschoss Wohnzimmer und Küche und im zweiten Obergeschoss Schlafzimmer, zwei kleine Zimmer und ein Bad. Aber wir waren glücklich, dass wir endlich eine richtige Wohnung hatten. Im Wohnzimmer hatte der ausgezogene Mieter alle Möbel dagelassen; sie waren viel zu groß und zu schwer. Nun erinnerte sich meine Mutter an ihre Schlafzimmermöbel, die sie vor unserer Deportation der Hausmeistersfrau in der Yorckstraße leihweise überlassen hatte. Meine Mutter ging zu ihr, worauf die Frau aber nur entgegnete: „Nein, mein Mann kommt bald aus russischer Gefangenschaft wieder und dann brauche ich das Schlafzimmer.“ Eigentlich hatte meine Mutter auch nicht wirklich daran geglaubt, dass wir die Möbel zurückbekommen. Umso erstaunter waren wir, als diese Frau ein paar

Margot Kreuzer 1947.

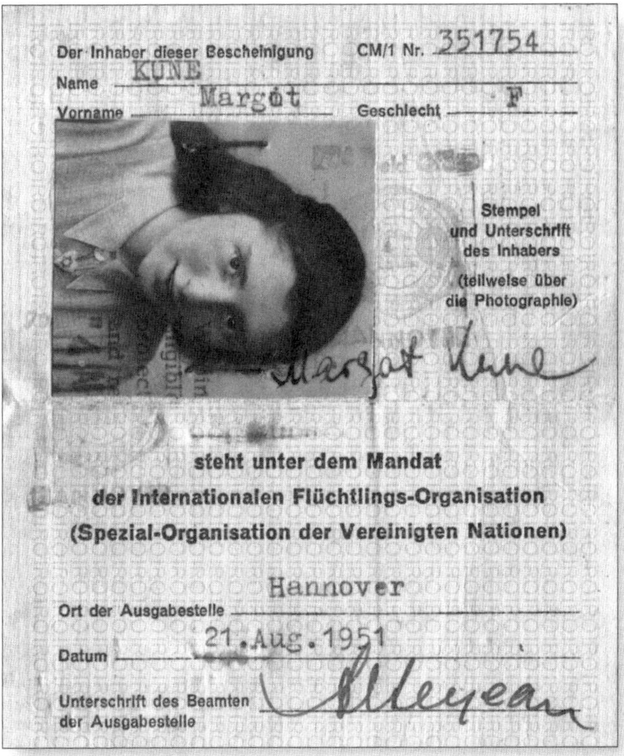
Der Inhaber dieser Bescheinigung CM/1 Nr. 351754
Name KUNE
Vorname Margot Geschlecht F

Stempel und Unterschrift des Inhabers (teilweise über die Photographie)

Margot Kune

steht unter dem Mandat
der Internationalen Flüchtlings-Organisation
(Spezial-Organisation der Vereinigten Nationen)

Ort der Ausgabestelle Hannover
Datum 21.Aug.1951
Unterschrift des Beamten der Ausgabestelle

Flüchtling im eigenen Land.

Tage später zu uns kam und meinte: „Ich habe von meinem Mann geträumt. Er ist mir im Traum erschienen. Er sagte, er würde nie wiederkommen aus der russischen Kriegsgefangenschaft, wenn ich nicht den Kreuzers ihr Schlafzimmer zurückgeben würde." Daraufhin hatte sie wohl Angst bekommen, dass ihr Mann wirklich nicht heimkehren würde, wenn sie das Schlafzimmer behielte. Wir sollten es nur schnell abholen lassen. So erhielt meine Mutter ihr Schlafzimmer wieder. Es war auch das Einzige, was ihr blieb. Tatsächlich kam kurze Zeit später der Mann der Hausmeistersfrau aus Russland zurück und sie glaubte fest daran, dass dies geschah, weil sie das Schlafzimmer zurückgegeben hatte. Auf dem Schwarzmarkt tauschten meine Eltern auch Schuhe für mich ein, dass ich endlich richtige Schuhe hatte. Allerdings waren die Schuhe Größe 40, während ich Größe 36 hatte. Daher stopfte ich sie zur Hälfte mit Zeitungspapier aus. Die überlebenden Juden hatten alle keine Einnahmen und fingen daher an, schwarz mit Zigaretten und Kaffee zu handeln. Sie bildeten Gruppen, sodass sie von dem Erlös immer neue Ware kaufen konnten. Dann entwickelte sich das Ganze größer. Flugzeuge aus Brasilien landeten mit Kaffee beladen in Bergen-Belsen, wo man eine Flugpiste gebaut hatte. Jüdische Lastwagenfahrer hatten von den Gruppen – den Spulkes – Geld bekommen. Das Flugzeug landete, es wurde schnell ausgeladen, die Fahrer bekamen die Ware und die Lastwagen fuhren in alle Richtungen und brachten den Gruppen, die das Geld gegeben hatten, den Kaffee. Zu mir sagten sie immer: „Du hast es gut. Du brauchst nicht schwarz zu handeln. Du bekommst genug Lebensmittel vom Komitee."

Ausblick in eine neue Zeit um 1952.

In der Zeit fanden viele Hochzeiten statt. Wer am Leben geblieben war, war allein, kaum einer hatte Familienangehörige. Es waren mehr Männer als Frauen am Leben geblieben, sodass jede Frau – egal, wie sie aussah – geheiratet wurde. Ich sah eigentlich ganz hübsch aus, aber heiraten, das lag mir so fern. Ich bekam öfter von netten jungen Männern einen Antrag, aber die interessierten mich nicht. Natürlich hörte ich, was die Jugendlichen so miteinander beredeten, doch ich war mit meiner Arbeit genug beschäftigt. Ein junger Mann, er hieß Josef, wollte sich wohl keinen Korb von mir einholen und ging direkt zu meinen Eltern. Bei meinem Vater hielt er um meine Hand an. Josef war höflich, angenehm und auch sehr nett. Meine Eltern stimmten zu. Als ich am Nachmittag vom Komitee nach Hause kam, traf ich meine Mutter mit dem jungen jüdischen Mann an. Sie saßen zusammen und schienen sich wohl gut zu verstehen. Mama eröffnete mir, dass am Freitagabend die Verlobung sei. Mir war, als bekäme ich einen Kübel kaltes Wasser über den Kopf gegossen. Ich wollte fragen: warum – mit wem? Da sah ich den jungen Mann und fragte nur: „Aber warum am Freitag?“ Und meine Mutter antwortete: „Am Freitagabend machen wir sowieso warmes Essen und der Jossel hat Cousinen, die kommen

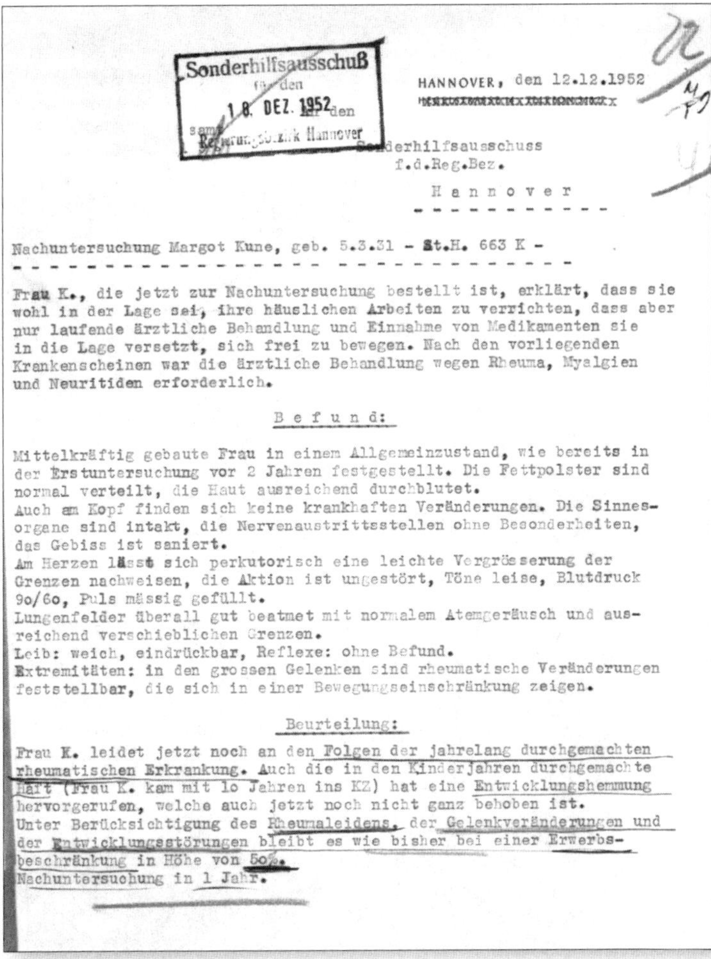

Sonderhilfsausschuß
für den
18. DEZ. 1952
Regierungsbezirk Hannover

HANNOVER, den 12.12.1952

Sonderhilfsausschuss
f.d.Reg.Bez.

H a n n o v e r

Nachuntersuchung Margot Kune, geb. 5.3.31 - St.H. 663 K -

Frau K., die jetzt zur Nachuntersuchung bestellt ist, erklärt, dass sie wohl in der Lage sei, ihre häuslichen Arbeiten zu verrichten, dass aber nur laufende ärztliche Behandlung und Einnahme von Medikamenten sie in die Lage versetzt, sich frei zu bewegen. Nach den vorliegenden Krankenscheinen war die ärztliche Behandlung wegen Rheuma, Myalgien und Neuritiden erforderlich.

B e f u n d:

Mittelkräftig gebaute Frau in einem Allgemeinzustand, wie bereits in der Erstuntersuchung vor 2 Jahren festgestellt. Die Fettpolster sind normal verteilt, die Haut ausreichend durchblutet.
Auch am Kopf finden sich keine krankhaften Veränderungen. Die Sinnesorgane sind intakt, die Nervenaustrittsstellen ohne Besonderheiten, das Gebiss ist saniert.
Am Herzen lässt sich perkutorisch eine leichte Vergrösserung der Grenzen nachweisen, die Aktion ist ungestört, Töne leise, Blutdruck 90/60, Puls mässig gefüllt.
Lungenfelder überall gut beatmet mit normalem Atemgeräusch und ausreichend verschieblichen Grenzen.
Leib: weich, eindrückbar, Reflexe: ohne Befund.
Extremitäten: in den grossen Gelenken sind rheumatische Veränderungen feststellbar, die sich in einer Bewegungseinschränkung zeigen.

Beurteilung:

Frau K. leidet jetzt noch an den Folgen der jahrelang durchgemachten rheumatischen Erkrankung. Auch die in den Kinderjahren durchgemachte Haft (Frau K. kam mit 10 Jahren ins KZ) hat eine Entwicklungshemmung hervorgerufen, welche auch jetzt noch nicht ganz behoben ist.
Unter Berücksichtigung des Rheumaleidens, der Gelenkveränderungen und der Entwicklungsstörungen bleibt es wie bisher bei einer Erwerbsbeschränkung in Höhe von 50%.
Nachuntersuchung in 1 Jahr.

Gesundheitszeugnis zum Antrag auf Haftentschädigung.

Auf dem Hochzeitssessel, Januar 1948.

dann auch." Ich traute mich nicht, etwas zu sagen. Ich wollte nachdenken, wie ich das Ganze verhindern könnte, aber mir fiel nichts ein. Am Freitagabend fand die Verlobung statt. Da die Hochzeit erst nach meinem 17. Geburtstag im März stattfinden sollte, ging ich der Sache ziemlich gelassen entgegen. Bis zur Hochzeit war es noch ein halbes Jahr. Schließlich war ich ja erst sechzehn Jahre alt. Bis dahin würde mir schon noch etwas einfallen. Aber dann wollten die Verwandten und Freunde nach Amerika und Kanada auswandern und die Hochzeit vorverlegen. Vom Komitee hatte es zur Verlobung eine extra Lebensmittelration gegeben und zur Hochzeit noch einmal eine besonders große Zuteilung. Ich hatte immer nur gedacht: Ich tue so, als ob nichts passiert ist und gehe weiter zum Komitee. Am Abend vor der Hochzeit versuchte meine Mutter, mich etwas aufzuklären, aber ich sagte ihr: Das glaube ich nicht. Ich sagte es immer wieder, bis meine Mutter schließlich entgegnete: „Du wirst schon sehen!" Und die Aufklärung war beendet. Als ich schwanger war, hörte ich auf, zum Komitee zu gehen. Der Sohn, den ich im Dezember bekam, war für mich das schönste Kind, das jemals geboren worden war. Ich nannte ihn Jacky.

Ich bekam noch zwei weitere wunderbare Söhne, Wolfgang und Klaus. Jetzt war ich 30 Jahre alt. Alt genug, um mich von einem Mann zu trennen, gegen den ich nichts hatte – für den ich aber auch nichts mehr empfand. Wir trennten uns. Da begeg-

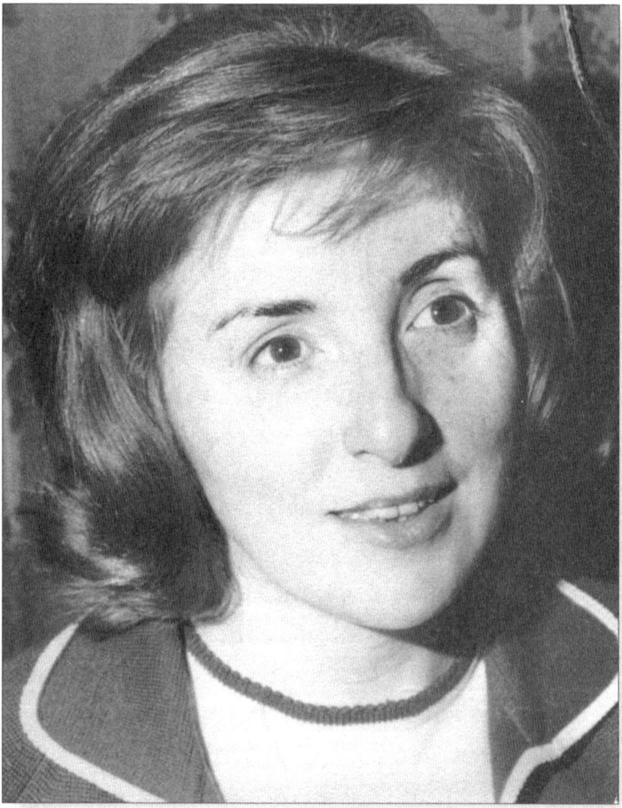

Mit viel Mut ein neues Leben wagen, Aufnahme um 1954.

nete mir ein entfernter Verwandter. David war das Gegenteil meines ersten Mannes. Er war groß, braungebrannt, sportlich. Er war in Israel aufgewachsen und ich spürte die Freiheit, die ihn umgab. Wir verliebten uns und ich heiratete ihn. Eine absolute Liebeshochzeit. Wir bekamen drei Kinder, süße Kinder. Wir nannten sie Gitta, Daniela und Guido. Ich machte Buchhaltungskurse – bis zum Bilanzbuchhalter. David war aus der Filmbranche. Er arbeitete als Kameramann beim Fernsehen, aber wir wollten auf eigenen Füßen stehen. So eröffneten wir ein Fotogeschäft. Später versuchten wir es noch in einer Reihe anderer Branchen, bis ich Möbel aus Katalogen verkaufte. Es war sehr anstrengend, ein Knochenjob. Die schweren Musterkataloge musste ich oft in mehrere Stockwerke schleppen. Aber die Arbeit machte großen Spaß. Jeden Montag war Versammlung und wer nicht genug Umsatz hatte, musste seine Musterkoffer dalassen. Ich hatte immer genug Umsatz. Wir richteten in einem Neubaugebiet eine Musterwohnung ein und der Vermieter fragte uns, ob wir nicht auch die Vermietung übernehmen wollten. Ich besorgte mir eine Maklergenehmigung und plötzlich war ich Maklerin. Wir bekamen von mehreren Gesellschaften große Wohnblocks mit hunderten von Wohnungen zum Vermieten. Später verkauften wir sie auch. Die Kinder wurden groß, und wir verdienten jetzt mehr Geld. Ich bekam auch einen Wohnblock in Brühl bei Bonn. Den dortigen rheinischen

Eine Liebesheirat mit David Kleinberger, 1966.

Selbstständig im Fotogeschäft, 1966.

Wieder lachen.

Als Maklerin vor einem Rohbau.

Ibiza: Hier erlebte ich die Leichtigkeit des Lebens.

Karneval feierte ich mit; es machte großen Spaß. Seitdem liebe ich den Karneval. In dieser Zeit mussten die Kinder viel ohne mich auskommen. Zum Ausgleich machte ich mit ihnen eine Reise nach Ibiza. Diese Insel war meine absolute Trauminsel. Die Sonne, das Wasser, der Strand. Wir sahen uns die Insel an und ich verliebte mich hier in die Leichtigkeit des Lebens, die ich mein ganzes Leben über vermisst hatte. Wir hatten ein kleines Apartment mit Küche. Doch ich war nicht ausgelastet. Die Kinder brauchten mich nicht. Sie hatten ihre Spielkameraden am Pool und beachteten mich kaum. Außer beim Essen sah ich sie nicht. Aber ich konnte doch nicht den ganzen Tag faul am Strand liegen. Das war mir viel zu langweilig. Da entdeckte ich ein Immobilienbüro einer Familie, die auf der Insel sehr einflussreich war. Sie urbanisierten das Land und bebauten es. Ich stellte mich vor und wir schlossen einen Vertrag. Von nun an verkaufte ich Immobilien auf Ibiza. Ich fühlte mich besser. So hatte die Reise meinem Leben eine völlig neue Bedeutung gegeben. Für mich und die Kinder war dieser Urlaub auf Ibiza wunderbar.

Zurück in Hannover arbeitete ich unendlich schwer. Das Vermieten und Verkaufen der Wohnungen, die Buchhaltung, die ich meist nachts machte, der Haushalt, die Kinder, ihre Hausaufgaben. Aber alle meine Kinder haben ihre Schule erfolgreich beendet, studiert und leben ihr Leben mit ihren Familien. Niemals hatte ich Ärger oder

Probleme mit meinen Kindern. Sie waren und sind es noch immer: absolut liebenswert und das Wertvollste in mcinem Leben.

Meine Schwester Gerda war schon in den 50er-Jahren nach Israel ausgewandert. Jetzt, Mitte der 80er, schlug sie mir vor, dass wir uns doch nach all der langen Zeit in Theresienstadt treffen könnten. Sie hatte die Adresse einer Frau in Prag, bei der wir wohnen konnten. Wir trafen uns und sahen uns Prag an. Dann, am nächsten Tag, fuhr uns der Sohn der Vermieterin nach Theresienstadt. Ich war sehr beklommen, ja sogar ängstlich, vor diesem Schritt in die Vergangenheit. Dann standen wir vor dem Haus Q 808. Ein Film lief vor meinen Augen ab. Ich sah die vielen Menschen, die einst hier lagen, die hungerten und starben. Ich sah mich als kleines Mädchen mittendrin in all dem Elend. Ich konnte die Tür nicht öffnen. Hinter dieser Tür war der Holocaust. Ich war mir sicher, es wäre noch wie damals. Wenn ich diese Tür öffne, liegen da noch immer die vielen Menschen in ihrem Elend, so malte ich es mir aus. „Mach doch auf", sagte meine Schwester. Da Theresienstadt wieder bewohnt ist, hatte man einiges verändert und umgebaut. Die Latrine war natürlich nicht mehr da. Auch das Zimmer auf halber Treppe, in das man die beiden Frauen gelegt hatte, die den Verstand verloren hatten, war nicht mehr da. Aber ich sah die Zimmer oben, in denen die alten Frauen mit uns auf dem Boden gelegen hatten, und auch die Zimmer der Männer unten existierten noch. Die Männer aber waren alle ermordet worden. Die Durchbrüche zwischen den Häusern hatte man geschlossen, denn jetzt waren ja auch die Haustüren geöffnet. Es war für uns sehr bedrückend, wieder in diesen Räumen zu sein. Ich erinnerte mich an die vielen Menschen, die hier einst vegetieren mussten. Sobald Leute nach Auschwitz deportiert wurden, sind neue gekommen. Zuletzt hatten sie so viele Juden nach Auschwitz geschickt, dass die Gaskammern nicht mehr reichten. Das erzählten die Männer vom „Sonderkommando". Sie säuberten in Auschwitz die Gaskammern, zogen die Toten heraus, schnitten ihr Haar ab und rissen den Leichen die Goldzähne heraus. Die Überlebenden des Sonderkommandos erzählten, dass die Eisenbahner immer größere Mengen Holz mitbringen mussten. Das wurde dann aufgestapelt und die Menschen lebend ins Feuer geworfen. Die Männer vom Sonderkommando mussten schließlich die Knochen ganz fein zerstoßen.

Bedrückt verließen wir das Gebäude und sahen zu unserer Überraschung am Ende der Straße ein Restaurant. Ich regte mich furchtbar darüber auf. Hier waren die Menschen so elendig verhungert und krepiert und jetzt gab es an diesem Ort ein Restaurant. Aber dann sagte ich zu meiner Schwester: „Wir haben überlebt, wir haben Hitler und die Nazis besiegt! Wir gehen jetzt rein und essen hier." Es war ein seltsames Essen, wie ein Opfermahl. Wir gedachten der vielen Toten, aber wir hatten die Nazis besiegt; wir lebten! Hitler und die Nazis hatten die „Endlösung der Judenfrage" angestrebt, sie wollten alle Juden töten, aber wir lebten!

Noch einmal möchte ich nicht nach Theresienstadt! Es war für mich sehr schwer, mich wieder an ein normales Leben zu gewöhnen. Wir waren normale Menschen gewesen, aber mit einem Mal wurden wir zu Lagerinsassen, hungrig, abgerissen, auf Latrinen sitzend, immer den Tod vor Augen. Das war über Jahre unser Alltag geworden. An die neue Wirklichkeit nach der Befreiung hatten wir uns erst gewöhnen müssen. Die Leute in Hannover hatten Gardinen und Couchgarnituren, sie hatten Schuhe und Strümpfe, Mäntel und Hüte, Kleider und Kostüme. Keiner sah so heruntergekommen, abgerissen und verhungert aus wie wir. Es dauerte lange, bis ich in dieser Wirklichkeit angekommen bin.

Aber dann nahm ich mir vor: Meinen Kindern würde ich nichts davon erzählen! Sie sollten nicht wissen, wie heruntergekommen und entwürdigend ihre Mutter einmal gelebt hatte. Sie sollten normal sein, wie die anderen Kinder auch. Wir hatten wenig Geld, aber auch das sollten die Kinder nicht mitbekommen. Doch ich fuhr mit den Kindern nach Bückeburg und zeigte ihnen die Gräber ihrer Urgroßeltern und erzählte von ihnen. Bei einem unserer Besuche erfuhr ich dann noch von einem Bückeburger, dass das Haus, das meine Großeltern zusammen mit Onkel Leo in der

Hauptstraße gekauft hatten, das ehemalige Bankhaus der Großeltern von Heinrich Heine gewesen war. Das Haus daneben war ihr Wohnhaus.

Im Jahr 1981 bat ein Lehrer meinen jüngsten Sohn, mich zu fragen, ob ich nicht seiner Klasse etwas über die Zeit des Nationalsozialismus erzählen könne, da dieses Thema gerade im Unterricht durchgenommen werde. Ich tat es und musste erstaunt feststellen, dass nicht nur die Kinder nichts über die Nazizeit wussten, auch die Lehrer, die alle hereingekommen waren, wussten erschreckend wenig davon! Seitdem bemühe ich mich immer, möglichst vielen Schülern über die Nazizeit zu erzählen. Es gibt so wenig Überlebende, die davon berichten können, und es werden immer weniger. Nur die Täter sprechen nicht davon. Wer also sonst soll mit den kommenden Generationen darüber reden? Übrigens hatten nach meinem ersten Vortrag die Lehrer großen Ärger mit den Eltern, besonders aber auch mit den Großeltern der Kinder. Sie wollten nicht, dass die Kinder etwas davon erfuhren. Von diesem Moment an wusste ich: Sie werden es niemals erfahren, wenn ich ihnen nicht erzähle von der Geschichte meines Lebens.

Ich sah heut tausend Menschen verstörten Angesichts,
Ich sah heut tausend Juden, die wanderten ins Nichts,
Ins Grau des kalten Morgens zog die verfemte Schar,
Und hinter ihr verblasste, was einst ihr Leben war.
Sie traten durch die Pforte, ein Blick geht noch zurück,
Sie ließen alles draußen, die Heimat, Gut und Glück.
Wohin wird man Euch führen, wo endet Euer Pfad?
Sie wissen nur das eine, ihr Ziel heißt Stacheldraht,
Und was dort ihrer wartet, ist Elend und ist Not,
Entbehrung, Hunger, Seuchen, für viele baldiger Tod.
Ich forscht in ihren Augen mit brüderlichem Blick,
Erwartend tiefsten Jammer in solchem Missgeschick,
Doch voll Erstaunen sah ich ein tiefes, tiefes Mühn
Um Haltung und Erleuchtung in ihren Augen glühn,
Sah heißen Lebenswillen, sah Glauben und sah Mut
Und sah in manchem Auge ein Lächeln stark und gut.
Da habe ich tief ergriffen den Geist des Volks erkannt,
Das, auserwählt zum Leiden, es stets noch überstand
Und das aus tiefstem Elend, aus Fron und bitterer Haft
Doch immer auferstanden mit ungebrochener Kraft.

Ich sah heut tausend Menschen verstörten Angesichts,
Ich sah im Grau des Morgens den Strahl des
EWIGEN LICHTS.

Rita Chraplewsky, Berlin 1942

Im Gedenken

In der jüdischen Tradition legen wir Steine auf die Gräber der Toten. Dieses Buch ist auch alle denen gewidmet, die keinen Grabstein haben, auf den wir einen Stein legen. All die guten Menschen, von denen ich so vieles gelernt habe, die Kinder, mit denen ich gelitten und gearbeitet habe, die Freunde, die ich hätte haben können, die Rabbiner, die in der Not mit uns gebetet haben, sind ermordet worden. Sie haben keinen Grabstein. Daher soll die Nennung ihrer Namen sie vor dem Vergessen beschützen. Indem ich ihre Namen nenne, lege ich einen Stein.

Berti Edelmann, meine Freundin, die nach Auschwitz kam.

Fredi Kratzer, mein Schulfreund. Er starb in der Typhus-Infektionsanstalt.

Helga Dessauer. Sie starb auf dem Auswandererschiff nach Amerika im Hafen von Rotterdam. Ihr Schiff wurde von deutschen Fliegern beschossen und ging unter.

Meine Cousins *Klaus* und *Dieter Kreuzer*. Sie kamen nach Riga und von da mit Kindertransporten nach Auschwitz.

Mein Cousin *Egon* und seine Schwester *Mädi.* Sie tanzte leicht wie eine Feder, sagte einmal ein junger Mann über sie. Egon und Mädi starben in Riga.

Onkel *Albert* und Tante *Else,* ermordet in Riga.

Onkel *Willi* und Tante *Martha.* Sie schrieben uns aus Maidanek noch eine Karte, die jemand mitnahm:

„Wir frieren so und hungern schrecklich. Könnt ihr uns nicht helfen?“ Wir waren im Judenhaus und konnten nicht helfen.

Onkel *Bernhard* und Tante *Elsa,* ermordet in Stutthof.

Opa *Julius,* der Vater meiner Mutter, und meine Oma *Alma.* Sie kamen direkt nach Auschwitz.

Onkel *Erich,* ihr Sohn und Bruder meiner Mutter. Er flüchtete nach Belgien, wurde dort verhaftet und nach Auschwitz deportiert, wo er starb.

Ernst und *Walter,* mit denen ich auf den Schanzen gearbeitet habe. Ihre Eltern waren mit ihnen aus Köln nach Holland geflüchtet. Sie wurden verraten und kamen über Westerborg und Theresienstadt nach Auschwitz. Sie überlebten nicht.

Oskar „Ossi“ Boden, geb. am 7.4.1927 in Breslau. Sein bei uns im Block sterbender Vater bat meinen Vater, sich um ihn zu kümmern. Papa hätte so gerne einen Sohn gehabt und stellte ihn uns als unseren Bruder vor. Ossi war im ersten Männertransport im Oktober 1944 nach Auschwitz.

Der alte ungarische Rabbiner und seine Frau, die bei uns im Block jeden Tag Gottesdienst abhielten. Ganz ohne Gebetbücher.

Rabbiner *Dr. Ernst Lieben* und seine *Frau,* der uns Kindern so viel gab.

Seine Schwester *Minna* und ihr Bruder *Gabriel* und ihre fromme Mutter. Ihr Vater war gleich von Prag nach Auschwitz gekommen. Die Nazis haben sie ermordet.

Die Brüder *Markus* und *Eli Flesch* aus Frankfurt. Ich habe meinen jüngsten Sohn nach Eli benannt.

Die Jungen und Mädchen, mit denen ich am Samstagabend zusammen saß.

Die vielen Waisenkinder, die allein nach Theresienstadt und allein nach Auschwitz kamen.

Walter Lehmann aus Barsinghausen, der auch im ersten Transport war. Sein Vater war im Ersten Weltkrieg ein großer Kriegsheld für Deutschland gewesen. Walter weinte bei seinem Abtransport so laut in der Kaserne.

Frau Benario, die Zahnarztwitwe und Freundin meiner Oma Jette aus Bückeburg. Auf dem Handwagen sitzend und auf den Transport nach Auschwitz wartend, rief sie mir zu: „Bitte vergesst mich nicht, wenn ich tot bin." Frau Benario, ich habe Sie nicht vergessen.

Das Medaillon, das mir Frau Benario 1942 in Theresienstadt zuwarf.

Und all die alten Leute, die ein ehrbares Leben geführt hatten und so elendig umkamen. Sie alle sollen nicht vergessen werden. Was man uns angetan hat, soll nicht vergessen werden.

Nachwort

Im Gegensatz zu den vielen anderen Kindern meiner Generation habe ich überlebt. Weil mein Vater geglaubt hat, er könne als Beamter der Reichsbank wieder da anknüpfen, wo er in der Nazizeit aufhören musste, sind wir wieder nach Deutschland zurückgekehrt. Aber es kam anders. Während seine Kollegen im Laufe dieser Jahre befördert wurden, saß mein Vater nach dem Krieg wieder auf seinem alten Stuhl. Er war nicht befördert worden. Das Unrecht hat uns auch nachher nicht verlassen. Ich bekam keine Schulbildung, während die nichtjüdischen deutschen Kinder das Abitur machen und später studieren konnten. Wenn es nach mir gegangen wäre, wäre ich nie wieder nach Deutschland zurückgekehrt. Ich wollte nach Amerika auswandern, hatte sogar schon alle Papiere zusammen, aber widrige Umstände verhinderten das. Ich wäre mit vollem Herzen nach Israel eingewandert, doch auch diesen Schritt vollzog ich nicht. Ich befürchtete, ich könnte meinen Kindern die Zukunft verbauen. Ich wollte sie nicht aus der Schule in ein anderes Land holen und dadurch vielleicht sogar ihr Abitur gefährden. Sie sollten einen ordentlichen Lebenslauf mit Abitur, Studium und Zeugnissen haben. All das wollte ich nicht durch eine Auswanderung in ein Land mit einer ihnen fremden Sprache gefährden. Das war falsch. Denn auch sie wurden ausgegrenzt und nicht selten von ihren Mitschülern vorgeführt.

Dennoch haben sich meine wunderbaren Kinder bis auf eine Ausnahme hier niedergelassen. Sie haben studiert und hier Familien gegründet.

Ich jedoch war mein ganzes Leben einsam, alle gleichaltrigen Freunde wurden ermordet. Ich wohne, lebe und arbeite in diesem schönen Land, aber – und dies sei mir verziehen – ich habe mich hier nie wieder wie zuhause gefühlt.

In Lagern mussten die Häftlinge wie Arbeitssklaven ohne Entlohnung und unter den unmenschlichsten Lebensbedingungen zum Wohlstand der Deutschen beitragen. Man hatte den Juden alles genommen, was sie besaßen. Auch alle Länder, in die die Deutschen einmarschierten, wurden von ihnen ausgeraubt. Ich erinnere mich noch an die Zeit nach dem Polen-Feldzug: Alles war voll in Hannover mit polnischen Pelzen und polnischen Gänsen, nach dem Frankreich-Feldzug hatten die Frauen Seidenkleider und Parfüms aus Frankreich – requiriert im Namen des Großdeutschen Reiches. Bei der Einnahme von Holland und Dänemark gab es jede Menge Butter und Käse, aus Belgien die Schokolade und später aus Russland wieder Pelze, Gold, Schweine und Gänse. Die Völker in den besetzten Ländern hungerten und fürchteten sich vor den

Deutschen, die überheblich als „Herrenmenschen" auftraten, so wie es Hitler ihnen gesagt hatte.

So wurden wir Juden enteignet und ausgerottet. Wie gingen die Deutschen mit den Menschen um in der Tschechoslowakei, in Griechenland, in Frankreich und in allen besetzten Ländern? Ganze Ortschaften wurden ausgelöscht. Lidice, Oradour, in Griechenland und später auch in Italien und in Russland, wo sie nicht nur die Juden in Massengräbern erschossen – eine Lage nackte Menschen, eine Lage Kalk, bis die Grube voll war. Wenn sich noch jemand bewegte, wurde nachgeschossen. Und die nichtjüdischen Russen, die man ausraubte und dann „verbrannte Erde" hinterließ. Sechs Millionen Juden und viele Millionen Nichtjuden wurden ermordet. Menschen, die normal gelebt und niemandem etwas getan hatten! Es darf niemals vergessen werden!

Auch den Unterricht bei Frau Dr. Margarete Merzbach werde ich nie vergessen. Sie gab mir die Bildung, von der ich noch Jahre nach der Befreiung zehrte. Noch heute kann ich ganze Gedichte auswendig, die wir damals mit ihr einstudiert haben. Sie gab ihr Wissen an uns hungernde Kinder weiter. Dafür danke ich ihr unendlich.

Und ich danke den Franziskaner-Mönchen in Hannover. Sie waren nach dem Krieg die Einzigen, die sich um uns gekümmert haben. Später, als ich etwas Geld hatte, brachte ich ein paar Kisten israelischen Wein zu Weihnachten in das Franziskaner-Kloster als Dank für damals, aber man sagte mir, dass von denen, die uns damals geholfen hatten, niemand mehr lebte.

Meine sechs Kinder Jacky, Wolfgang, Klaus, Gitta, Daniela und Guido haben es sicher nicht immer leicht mit mir gehabt. Wie sollten sie auch verstehen, was wirklich in mir vorging? Doch ich versuchte ihnen die Kindheit zu geben, die ich niemals erlebt habe. Ich habe den größeren Söhnen fast gar nichts und den drei jüngeren Kindern auch nur wenig aus meiner düsteren Vergangenheit erzählt. Nur der 8. Mai wurde immer mit einem besonderen Essen begangen. An diesem Tag sitzen wir zusammen und essen eine kräftige Graupensuppe – das Essen der Befreiung. An diesem Abend wurde meinen Kindern jedes Jahr aufs Neue klar: Wir säßen nicht hier, wenn unsere Mutter nicht befreit worden wäre.

An Rache habe ich nie gedacht. An wem hätte ich mich denn rächen sollen? An einer ganzen Organisation? Es haben doch damals fast alle mitgemacht. Ich wollte Theresienstadt hinter mir lassen, aber die Vergangenheit holte mich immer wieder ein. Nie mehr wäre ich nach Theresienstadt zurückgekehrt, hätte meine Schwester Gerda nicht die Initiative ergriffen. Es war ein wichtiger Schritt, um mit dem Bösen abzuschließen. Erst dann wusste ich, dass die

In Zürich, Mitte der 90er-Jahre.

Leichen in Theresienstadt verschwunden sind. Sie forderte mich auf, die Tür in unsere alte Unterkunft zu öffnen.

Immer wenn ich heute in einem langen Zug bin, muss ich an den Transport nach Theresienstadt denken. Die Fahrt hat sich in meinem Kopf eingebrannt, wie meine Nummer, die man mir gab. Transportnummer VIII/1 387 – ich habe überlebt.

Es gab bei uns im Haus in Theresienstadt einen alten ungarischen Rabbiner mit seiner Frau. Er hat sich immer in unseren Hofeingang gestellt und gebetet. Wer wollte, kam hinzu und reihte sich in den leisen Gesang der Betenden ein. Irgendwann kam dieser Rabbiner auch in den Transport nach Auschwitz. Er musste sich mit seiner Frau und den anderen in der Dresdner Kaserne sammeln. Ich erinnere mich noch daran, wie sehr es geregnet hat, wie sie gebeugt und müde auf dem harten Kopfsteinpflaster auf die nächsten Befehle warteten und dabei bis auf die Haut nass wurden. Da sagte mein Vater zu mir und meiner Schwester Gerda: „Bringt bitte den beiden zwei Strohsäcke, damit sie sich setzen können.“ Wir brachten ihnen die Säcke und der Rabbiner segnete uns dafür. Vielleicht haben wir deswegen überlebt.

Danksagung

Hiermit möchte ich mich ganz herzlich bei meiner Tochter, der Medienwissenschaftlerin Gitta Kleinberger-Schürmeyer, bedanken. Sie hat mein Buch einfühlsam und authentisch in eine verlagsgerechte Form gebracht.

Ferner möchte ich dem Droste Verlag danken, dass sie mein Buch annehmen und herausgeben, besonders Herrn Verleger Felix Droste. Sie haben damit geholfen, der Menschen zu gedenken, die sonst vergessen wären. Danke.

Literaturnachweis

H.G. Adler, Theresienstadt 1941–1945.
Das Antlitz einer Zwangsgemeinschaft. Wallstein Verlag (Reprint der zweiten Auflage von 1960), Göttingen 2005.

J.-C- Favez, Warum schwieg das Rote Kreuz?
Eine internationale Organisation und das Dritte Reich, München 1994.

S. Friedländer, Das Dritte Reich und die Juden 1933-1945,
2 Bände, München 2006.

P. Schulze, Beiträge zur Geschichte der Juden in Hannover
(Hannoversche Studien, Band 6), Hahnsche Buchhandlung, Hannover, 1998.

Bildnachweis

S. 43: Historisches Museum Hannover

S. 70: NLA. HStAH. Hann. 210 Acc. 2004/23 Nr. 1246

S. 73: NLA. HStAH. Hann. 210 Acc. 2004/23 Nr. 1248

S. 121: Ghetto Theresienstadt, Terezin Memorial

S. 167: NLA. HStAH. Nds. 110W Acc. 14/99 Nr. 100943

Die Dokumente S. 70, 73, 167 stammen aus dem Niedersächsischen Staatsarchiv. Alle weiteren Bilder stammen aus dem Privatbesitz von Margot Kleinberger.

Anmerkungen

1 Das Affidavit of financial support sollte absichern, dass der Einreisende niemals der öffentlichen Wohlfahrt der Vereinigten Staaten zur Last fallen würde. Daher musste ein amerikanischer Staatsbürger oder ein bereits eingereister, gut situierter Emigrant für den Antragsteller bürgen und seinen materiellen Status offen legen. Der Nachweis erfolgte durch Steuererklärungen der vergangenen Jahre, Bescheinigungen über Bankguthaben, Aktiendepots, Grundbesitz etc., gegebenenfalls musste ein festes Arbeitsverhältnis bestätigt werden. Die finanziellen Affidavits wurden häufig als unzureichend zurückgewiesen. Zeitweise wurde ein jährliches Mindesteinkommen von $5000 beim Bürgen vorausgesetzt - damals eine beträchtliche Summe. (Rezensionen aus dem Archiv für Sozialgeschichte online)

2 Muselmann: So wurden in der Lagersprache die bis auf die Knochen abgemagerten Häftlinge von den Aufsehern genannt.

3 Die Literatur weist Rudolf Haindl auch manchmal als Scharführer aus. Ich erinnere mich jedoch genau daran, dass er nur Unterscharführer war.

4 Der Text des Jiddischen, den wir mit Rabbiner Lieben lernten, ging folgendermaßen:

Was wird sein, wenn der Meschiach (Messias) kommt?

Wos weln mir essen oif der Sidenju:
Fisch vom Levijuton werden, Fisch vom Levijuton weln mir essen oif der Sidenju.

(Was werden wir auf der großen Feier essen? Fisch vom Levijuton, Fisch vom Leviathan werden wir auf der großen Feier essen)

Wos weln mir trinken oif der Sidejnu?
Wein vom Carmel. Wein vom Carmel,
Wein vom Carmel weln mir trinken, Fisch vom Levijuton weln mir essen oif der Sidenju.

Wer wird die Drosche halten oif der Sidenju?
Aron Hacohen, Aron Hacohen,
Ahron Hacohen Drosche halten, Wein vom Carmel weln mir trinken,
Fisch vom Levijuton weln mir essen
oif der Sidenju.

Wer wird die Thora leinen oif der Sidenju?
Moische Rabbeinu, Moische Rabbeinu
Moische Rabbeinu Thorah leinen, Aron Hacohen Drosche halten,
Wein vom Carmel weln wir trinken, Fisch vom Levijuton weln mir essen oif der Sidenju.
u.s.w.

5 Die V2 sollte die Geheimwaffe der Nazis werden. Sie war die erste Langstreckenrakete der Welt, die bis nach England reichte.
6 Agudah: eine 1912 gegründete jüdisch-religiöse Organisation.
7 Der Film wurde in Nazi-Deutschland gezeigt. Er hat uns sehr geschadet, denn viele Menschen nahmen ihn für wahr an. Selbst im März 1945 glaubten sie seinen Bildern noch.
8 Leo Strauss, Sohn des Operettenkomponisten Oskar Strauss, kam 1942 nach Theresienstadt. Er galt dort als einer der bekanntesten Kabarettisten. Im Herbst 1944 wurde er in den Tod geschickt. „Als ob" war in Theresienstadt das bekannteste Couplet.
9 Jom Kippur ist das höchste jüdische Fest am Ende der zehn Bußtage, die mit dem Neujahrsfest Rosch Haschana beginnen. Laut der jüdischen Überlieferung spricht Gott an Jom Kippur das Urteil über die Menschen. In den vorausgegangenen zehn Bußetagen haben die Menschen noch einmal die letzte Möglichkeit, sich mit anderen zu versöhnen oder Unrecht wiedergutzumachen. Das Schicksal eines jeden Menschen wird an Jom Kippur in das „Buch des Lebens" eingeschrieben und besiegelt. Jom Kippur ist ein strenger Fastentag, an dem nicht gegessen und getrunken werden darf.
10 Das Schweizer Rote Kreuz hatte bereits seit 1943 Informationen über den Holocaust, allerdings ohne einzuschreiten.
11 Mischling: So nannten die Nazis die Kinder sogenannter „Mischehen".
12 Flaklager: Einweisung an den Schulabwehrkanonen (Flak)